中短期生存汉语系列教材

Survival
Communication
Chinese
(HSK level 1, 2)

生存交际

汉语

主 编／聂羽菲 杨 阳

副主编／王莞情 张 晟

（HSK 1级、2级）

西南财经大学出版社

四川·成都

图书在版编目(CIP)数据

生存交际汉语/聂羽菲,杨阳主编.—成都:西南财经大学出版社,2019.8
ISBN 978-7-5504-3926-9

Ⅰ.①生… Ⅱ.①聂…②杨… Ⅲ.①汉语—对外汉语教学—教材
Ⅳ.①H195.4

中国版本图书馆 CIP 数据核字(2019)第 070264 号

生存交际汉语

SHENGCUN JIAOJI HANYU

主　编:聂羽菲　杨　阳
副主编:王莞情　张　晟

责任编辑:李特军
助理编辑:李　琼
封面设计:墨创文化
责任印制:朱曼丽

出版发行	西南财经大学出版社(四川省成都市光华村街 55 号)
网　　址	http://www.bookcj.com
电子邮件	bookcj@foxmail.com
邮政编码	610074
电　　话	028-87353785
照　　排	四川胜翔数码印务设计有限公司
印　　刷	四川五洲彩印有限责任公司
成品尺寸	185mm×260mm
印　　张	13
字　　数	305 千字
版　　次	2019 年 8 月第 1 版
印　　次	2019 年 8 月第 1 次印刷
书　　号	ISBN 978-7-5504-3926-9
定　　价	36.00 元

▶▶ 前言

自 2009 年国家汉办推出新汉语水平考试（HSK）以来，10 年间 HSK 考生急剧增多。据《孔子学院 2016 年度发展报告》统计，HSK 考试已在 125 个国家（地区）设立 1066 个考点，2016 年各类汉语考试考生人数已达 600 万人。随着汉语国际教育学科的不断壮大、海外孔子学院的不断增加，可以预计未来参加 HSK 考试的人员会越来越多。面对这样一个庞大的群体，如何引导他们有效地学习汉语，使他们在学习过程中既能全方位地提高汉语综合运用能力，又能在 HSK 考试中取得理想成绩，一直是编者团队思考和研究的问题。编写一套以 HSK 大纲为纲，体现"考教结合""以考促教""以考促学"特点的新型中短期汉语系列教材无疑满足了中短期汉语学习者的需求。

《生存交际汉语》教材是为各类中短期汉语初学者（包括外籍教师，中短期交换生，来渝外籍客座教授、助教、工作人员）编写的兼顾课堂教学与自学、以 HSK 考试过级为学习目标的考教结合的中短期汉语系列教材之一。此教材涉及个人信息介绍、基本社会交往、日常生活、必备生存交际等多方面内容，以解决日常生活中最基本的语言交际问题。

一、编写理念

进入 21 世纪，第二语言教学的理念已经进入后方法时代，以人为本，强调合作学习，交际法、任务型语言教学、主题式教学成为教学的主流，培养学习者的语言综合运用能力成为教学的总目标。在这些理念的指导下，《生存交际汉语》在编写过程中体现了以下特点：

1. 以学生为中心，侧重学生交际目标的实现

"考教结合"的前提是为学生的考试服务。如何在为考试服务的前提下重点提高学生的语言能力是我们一直探索的问题，也是此教材的特色之一。《生存交际汉语》以

HSK 一级、二级大纲为纲，这两级的考试只涉及听力和阅读，不涉及说和写，所以此教材并未涉及任何汉字书写内容，一方面因为中短期学生学习时间较短，另一方面可以减少学生汉语学习的畏难心理。除了练习部分，我们都呈现了汉语的方块字，可以激发学生对汉字的认知。该教材以"课文情景+对话+图片"为主，注重听说读技能训练。

2. 融入交际法和任务型语言教学的核心理念

交际法强调语言表达的得体性和语境的作用，任务型语言教学强调语言的真实性和在完成一系列任务的过程中学习语言，两种教学法都强调真实运用和情境的设置，以及在交际过程中培养学生的语言能力。根据汉语水平考试大纲制定的"汉语水平考试是考查学习者语言能力的能力测试"，因此在保证词语和语法点不超纲的前提下，采取变换情境的方式，让学习者体会在不同情境下语言的真实运用，在模拟和真实体验中学习汉语。

3. 体现了主题式教学的理念，加强功能项目教学

主题式教学是以内容为载体，以文本的内涵为主体所进行的一种语言教学活动，它强调内容的多样性和丰富性。此教材加强功能项目的教学，从第一课学习语音开始，就把功能放在突出的地位，结合各课的音素教学，练习学生急需的八大必备生存功能项目（如自我介绍、打招呼、点菜等），强调基本功能和话题的教学，注重培养学习者运用语言结构进行交际的能力。

二、《生存交际汉语》的特色

1. 注重中短期汉语学习者实际需求，选取必备生存话题

此教材编教人员前期设计了"来华半年汉语课程设置调查问卷"，对各类中短期汉语初学者进行问卷调查，整理出中短期汉语学习八大必备生存话题：

排名	话题	选取人数比例
1	自我介绍	100%
2	打招呼	100%
3	点菜	100%
4	买东西	100%
5	找人	83.6%
6	问路	76.2%
7	看病	75.7%
8	旅游	69.4%

编写团队严格按照学习者的实际需求，依次选取各个功能项目编写课文内容。"核

心句"部分体现了本课所介绍的主要语言结构及其功能;"练习"部分参照此课功能项目编写,与课文相辅相成。

2. 以汉语水平考试大纲为依据编写教材

中短期汉语系列教材编教人员仔细研读"大纲"和出题指南,并对大量真题进行统计、分析。根据真题统计结果归纳出此教材重点、难点、语言点等。在遵循 HSK 大纲词汇要求的前提下,设计话题、功能、场景和具体教学时数等。

这种设计遵循汉语国际教育的理念,注重教材的普适性、应用性和实用性,海内外教学机构可根据学时建议设计完成年限。如:《生存交际汉语》(HSK 一级、二级)教学目标为通过 HSK 一级、二级考试。此教材全面覆盖汉语水平考试 HSK 一级 150 个生词和所有语法项目,全面覆盖 HSK 二级 300 个生词和语法项目。教学时数(学时)为 86~92 学时;如果周课时是 6 课时的话,四个月左右就能学完。学完此教材就能通过一级、二级考试。

此教材在策划和编撰过程中得到重庆邮电大学移通学院和西南财经大学出版社的大力支持和指导。本人代表编写组对以上机构和参与编写人员表示衷心感谢!我们希望使用此教材的师生,能够毫无保留地把使用的意见和建议反馈给我们,以便进一步完善,使其成为教师好教、学生好学、教学好用的好教材。

聂羽菲

2019 年 2 月

▶▶ 目录

65 / 第五课　找人 Looking for somebody

83 / 第六课 问路 Asking for directions

107/ 第七课　看病 Seeing a doctor

第一课

自我介绍 Introducing oneself
zì wǒ jiè shào

This lesson begins with introducing some sounds unique in the Chinese language, including tones. and you will be able to express some daily greetings and how to introduce oneself in Chinese.

一、课文 Text

NièYǔfēi　　Nǐmen hǎo　　Wǒ jiào NièYǔfēi
聂羽菲：你们 好！我 叫 聂羽菲。
　　　　Wǒshì Zhōngguórén
　　　　我 是 中 国 人。
　　　　Wǒ shì nǐmen de Hànyǔ lǎoshī
　　　　我 是 你们 的 汉语 老师。

Ruìqiū　　Nǐhǎo　Wǒ jiào Ruìqiū　Rachel
瑞 秋：你好！我 叫 瑞 秋，*Rachel*。
　　　　Wǒ shì Měiguórén
　　　　我 是 美 国 人。
　　　　Wǒ shì Yīngyǔ wàijiào
　　　　我 是 英语 外教。

· 2 ·

Kǎi xī   Nǐ hǎo
凯西：你好！
　　　Wǒ shì Kǎi xī   Kelsey
　　　我 是 凯西，*Kelsey*。
　　　Wǒ shì Yīng guó rén
　　　我 是 英 国 人。
　　　Wǒ yě shì Yīng yǔ wài jiào
　　　我 也 是 英 语 外 教。

Dà wèi   Nǐ men hǎo Dà wèi   David
大 卫：你 们 好！大 卫，*David*。
　　　Wǒ shì Dé guó liú xué sheng
　　　我 是 德 国 留 学 生 。

Niè Yǔ fēi   Hěn gāo xìng rèn shi nǐ men
聂 羽 菲：很 高 兴 认 识 你 们！
Ruì qiū
瑞 秋：
Kǎi xī   Wǒ men yě hěn gāo xìng rèn shi nǐ
凯西：我 们 也 很 高 兴 认 识 你！
Dà wèi
大 卫：

English Version

Nie Yufei：	*Hello, everyone! My name is Nie Yufei. I'm Chinese.*
	I'm your Chinese teacher.
Rachel：	*Hello, my name is* Ruìqiū, *Rachel. I'm American.*
	I'm an English foreign teacher.
Kelsey：	*Hello, I'm* Kǎixī, *Kelsey. I'm British.*
	I'm an English foreign teacher, too.
David：	*Hello, everyone!* Dàwèi, *David.*
	I'm a German foreign student.
Nie Yufei：	*Nice to meet you!*
Rachel：	
Kelsey：	*Nice to meet you, too!*
David：	

生词 *New Words*

1	你们	nǐmen *pron.* （plural）you	14	很	hěn *adv.* very
2	好	hǎo *adj.* good, fine	15	高兴	gāoxìng *adj.* glad, happy
3	我	wǒ *pron.* I, me	16	认识	rènshi *v.* to meet, to know
4	叫	jiào *v.* to call, to be called	17	我们	wǒmen *pron.* We, us
5	是	shì *v.* to be		专有名词 *Proper Words*	
6	人	rén *n.* human, person			
7	汉语	Hànyǔ *n.* Chinese（language）	中国	Zhōngguó *n.* China	
8	老师	lǎoshī *n.* teacher	美国	Měiguó *n.* USA	
9	英语	Yīngyǔ *n.* English（language）	英国	Yīngguó *n.* The Great British	
10	外教	wàijiào *n.* foreign teacher	德国	Déguó *n.* Germany	
11	也	yě *adv.* also, too	瑞秋	Ruìqiū *n.* Rachel	
12	留学生	liúxuésheng *n.* foreign student	凯西	Kǎixī *n.* Kelsey	
	学生	xuésheng *n.* student	大卫	Dàwèi *n.* David	
13	的	de *part.* used after an attribute	聂羽菲	Niè Yǔfēi *n.* Nie Yufei, name of a person	

核心句 KEY SENTENCES

（1）Nǐ hǎo / Nǐmen hǎo.

（2）Wǒ shì / jiào …… .

（3）Wǒ shì …… rén.

（4）Wǒ shì…… lǎoshī / liúxuésheng.

二、练习 Exercises

1. 语音练习 Pronunciation Drills

声母	Initials	m	f	d	n	l	g	k	h	j	q	x	zh	sh	r
韵母	Finals			a	e	i	ü								
				ai	ei	ao	an	en	eng	ong					
				uo	uai	uei（ui）									
				ie	iao	iou（iu）	ing	üe							

（1）汉语拼音（1）Chinese *Pinyin*（1）

ma	mi	mai	man	men	meng	
fa	fan	fei	fang	fen	feng	
ni	nai	nao	nen	nuo	niao	
le	lei	leng	lie	liao	ling	lüe
kai	kao	kan	ken	keng	kong	
ji	ju	jie	jiao	jiu	jing	jue
qi	qu	qie	qiao	qiu	qiong	que
sha	shai	shei	shen	shuai	shui	
re	rao	ran	ren	reng	rong	ruo

（2）汉语四声 Chinese Four Tones

ā	á	ǎ	à	
nī	ní	nǐ	nì	
hāo	háo	hǎo	hào	Nǐ hǎo
zhōng		zhǒng	zhòng	
guō	guó	guǒ	guò	Zhōngguó
	rén	rěn	rèn	Zhōngguó rén
liū	liú	liǔ	liù	
xuē	xué	xuě	xuè	
shēng	shéng	shěng	shèng	Liúxuéshēng
niē	nié		niè	
yū	yú	yǔ	yù	
fēi	féi	fěi	fèi	Niè Yǔfēi
wāi		wǎi	wài	
jiāo	jiáo	jiǎo	jiào	wàijiào

（3）辨声母和四声 Initials and Four Tones discrimination

声母 Initials　m f d n l g k h j q x zh sh r

____ eng	____ ei	____ i	____ anyu
cold	*tired*	*to wash*	*Chinese language*
____ enshi	wo ____ en	____ aoshi	____ vyou
to meet；to know	*We；us*	*teacher*	*to travel*

____ an ____ en	____ ong ____ uo	____ a ____ ei	____ an ____ iu
male	*China*	*coffee*	*basketball*
____ ve ____ eng	____ uai ____ e	____ ve ____ iao	____ i ____ hao
student	*happy*	*school*	*Hello*

（4）辨韵母和四声 Finals and Four Tones discrimination

韵母　　Finals

a	e	i	ü
ai	ei	ao	an en eng ong
uo	uai	uei	
ie	iao	iou	ing üe -i [ʅ]

d ____ ----x ____　　　　　　　d ____ ----sh ____

big----small　　　　　　　　　*more----less*

l ____ ----r ____　　　　　　　k ____ ----m ____

cold---hot　　　　　　　　　　*quick---slow*

h ____ 　　　 h ____ 　　　　x ____ 　　　 m ____

black　　　　 *red*　　　　　*to write*　　　 *to buy*

x ____ x ____ 　　　　　　　　h ____ d ____

to study　　　　　　　　　　　*to answer*

n ____ r ____ 　　　 g ____ x ____ 　　　l ____ x ____ sh ____

famle　　　　　 *happy*　　　　　　　 *foreign student*

2. 会话练习　Conversation

（1）介绍别人 Introducing others

完成下列对话　Complete the following dialogue
Kelsey introduces NieYufei, who is her Chinese teacher, to her father.

Kǎixī：Bàba, tā jiào _____ Tā shì _____

　　　　Tā shì wǒ _____.

Bàba：Nǐ hǎo, Niè lǎoshī. _____

Niè Yǔfēi：Wǒ yě _____

David introduces Rachel, who is a new English foreign teacher, to her students.

Dàwèi：Nǐmen hǎo! _____ Ruìqiū.

　　　　Tā _____ rén.（American）

　　　　Tā shì nǐmen _____

Xuéshengmen： Ruìqiū lǎoshī hǎo，＿＿＿＿＿ nǐmen.

Ruìqiū： ＿＿＿＿＿.

（2） 自我介绍 Introducing oneself

情景会话 *Situational dialogue*

Ask everyone to introduce himself／herself in the first class by imitating dialogue in the text.

三、语音 Phonetics

1. 汉语拼音的声母和韵母（1） Initials and Finals of Chinese Pinyin（1） ├──

声母 Initials（1）   韵母 Finals（1）

m	f		a	e	i	ü			
d	n	l	ai	ei	ao	an	en	eng	ong
g	k	h	ie	iao	iou	ing		−i [ɿ]	
j	q	x	uo	uai	uei				
zh	sh	r	üe						

2. 发音要领（1） Key points of pronunciation（1） ├──────

Initials： m, f, n, l, h　are pronounced similarly to their counterparts in the English language.

d　like "t" in "stay" (unaspirated).

g　A soft unaspirated "k" sound like "k" in "skate".

k　like "k" in "kangaroo" (aspirated).

Note： Particular attention should be paid to the pronunciation of the aspirated and unaspirated consonants： g–k

j　is an unaspirated voiceless palatal affricate. To pronounce this sound, first raise the front of the tongue to the hard palate and press the tip of the tongue against the back of the lower teeth , and then loosen the tongue to let the air squeeze out through the channel. The sound is unaspirated and the vocal cords do not vibrate.

q	is an aspirated voiceless palatal affricate. It is pronounced in the same manner as "j", but it is aspirated.
x	is a voiceless palatal affricate. To pronounce it, first raise the front of the tongue toward (but not touch) the hard palate, and then to let the air squeeze out. The vocal cords do not vibrate.

Note： The finals that can be combined with "j" "q" and "x" are limited to "i" "ü" and compound finals that start with "i" or "ü".

zh	like "j" in "jerk", but with the tip of the tongue curled farther back, unaspirated.
sh	like "sh" in "ship", but with the tip of the tongue curled farther back.
r	As in "right" in English, but with lips unrounded, and the tip of the tongue curled farther back. Always pronounce the Chinese /r/ sound with a nice smile!
Finals： －i [ɿ]	"－i [ɿ]" in "zhi" "chi" "shi" and "ri" is pronounced differently from the simple final "i [i]". After pronouncing the initials "zh" "ch" "sh" and "r", do not move your tongue. Care must be taken not to pronounce the simple final "i [i]", which is never found after "zh" "ch" "sh" or "r".

3. 汉语的音节 Chinese Syllables

汉语的音节一般由声母、韵母、声调三部分组成。一般来说，一个汉字对应一个音节。汉语的一个音节可以没有声母，但是一定要有韵母和声调。

A Chinese syllable is usually made up of an initial, a final and a tone. Generally speaking, one Chinese character corresponds to one syllable. A Chinese syllable can have no initial, but must have a final and a tone.

汉语的音节 Syllable	声母 Initial	韵母 Final	声调 Tone
gāo（高，tall）	g	ao	－
rén（人，human）	r	en	´
yě（也，also，too）		ie	ˇ
jiào（叫，to call）	j	iao	＼

＊注意：i 和 ü 自成音节时，韵母前增加 y，ü 上的两点去掉；u 自成音节时，韵母前增加 w。

Note：When i or ü acts as a syllable by itself, y is added before it, with the two dots on the top of ü being removed; when u acts as a syllable by itself, w is added before it.

4. 汉语的声调（四声）Tones（Four Tones）

汉语的基本声调有四个，分别是第一声（55）、第二声（35）、第三声（214）和第四声（51）。汉语的声调有区别意义的作用。

There are four basic tones in Chinese, respectively called the 1st tone（55）, the 2nd tone（35）, the 3rd tone（214）and the 4th tone（51）. They make difference in meaning.

mā	má	mǎ	mà
妈	麻	马	骂
mother	fibrous crops	horse	to scold

看图片，朗读下列单音节词语。

Look at the pictures and read the monosyllabic words aloud.

shuǐ	māo	yú	xuě

kàn	笑 xiào	xiě	hē

看图片，朗读下列双音节词语。

Look at the pictures and read the disyllabic words aloud.

kāfēi	jīdàn	niúnǎi	yīshēng

mǐfàn	fēijī	kǎoshì	shuìjiào

5. 汉语的轻声 The Neutral Tone

汉语中除了四声以外，还有一个读得又短又轻的声调，叫作"轻声"。例如：

Apart from the four tones mentioned previously, there is another tone in Chinese, which is short and light, known as "the neutral tone". For example：

māma	yéye	nǎinai	bàba
妈妈	爷爷	奶奶	爸爸
mother	grandfather	grandmother	father

朗读下列音节，注意声调标注的位置。

Read the syllables aloud and pay attention to the positions of the tone marks.

wǒ de	wǒmen de	nǐ de	nǐmen de	rènshi
my	our	your	your	to meet, to know

gēge	dìdi	jiějie	mèimei
elder brother	younger brother	elder sister	younger sister

xiūxi	juéde	dōngxi	shìqing
to have or take a rest	to think, to feel	thing , stuff	thing, matter, affair

shēngri	shénme	wèi shénme	xièxie
birthday	what	why	to thank

6. 拼音规则（1）：标调法　Rules of Pinyin（1）：Tone Marking

汉语拼音的声调必须标注在元音字母上。当一个韵母含有两个或者两个以上元音字母时，调号标注在开口度较大的那个元音字母上。调号标注的主要元音顺序为 a、o、e、i、u、ü，但 iu 是个例外，iu 是 iou 的省略形式，声调标注在 u 上。轻声音不标声调。

Tone marks in Chinese *pinyin* are put above vowels. When there are two or more vowels in the final of a syllable, the tone should be marked on the one that is pronounced with the mouth more wide-open, the sequence being "*a、o、e、i、u、ü*" in the descending order. The compound final *iu* is an exception to this rule, in which the tone mark is put on u rather than i as *iu* is the abbreviation of *iou*. The neutral tone is unmarked.

朗读下列音节，注意轻声的读法。

Read the syllables aloud and pay attention to the neutral tone.

xuéxiào	kǎoshì	xièxie	fēnzhōng
school	test, exam	to thank	minute

Měiguó	kěnéng	kuàilè	xīngqī
American	maybe, perhaps, probably	happy, glad	week

7. 儿化的发音　The Retroflex Final

汉语中的"儿"可以和前面的音节结合成为一个音节，变成"儿化音"。汉字书写时表示为"汉字+儿"，拼音书写时在该汉字的拼音后加"r"。例如：

"儿 (er)" can be combined with a syllable before it, forming a retroflex syllable. Which is written as "character + 儿" and spelt "syllable + r" in pinyin, For example：

zhè + r → zhèr
这 儿 这儿
this   here

nà + r → nàr
那 儿 那儿
that   there

nǎ + r → nǎr
哪 儿 哪儿
which   where

xiǎoháir
小孩儿
children

xiǎo niǎor
小鸟儿
little bird

fànguǎnr
饭馆儿
hotel，restaurant

yí kuàir
一块儿
together

yí huìr
一会儿
in a minute

8. "一" 的变调 Tone Sandhi of "一 (yī)"

（1）"一" 在第一、二、三声音节前变成第四声。

When "一" is followed by a syllable in the first, second or third tone, it changes into the fourth tone.

yì fēnzhōng
one minute

yì xiǎoshí
one hour

yì zhǒng
a kind of

yì jié (kè)
a period of class

yìqǐ
together

yì xiē
several，some

yì hé
a box of

（2）"一" 在第四声音节前变成第二声。

When "一" is followed by a syllable in the fourth, it changes into the second tone.

yí gè
one

yí kuài
one piece of

yí kuàir
together

yí huìr
in a minute

（3）"一" 单用或表示数字时不变调。

When "一" is used alone or in number, its tone doesn't change.

yī yuè
January

yī rì / yī hào
first day of the month

xīngqī yī
Monday

dìyī
first

yī èr sān
one，two，three

shíyī
eleven

四、语法 Grammar

1. 汉语的语序 Word order in Chinese

The main characteristic of Chinese grammar is that it lacks of morphological changes in person, tense, gender, number, and case in the strict sense. The word order, however, is very important to convey different grammatical meanings. The subject of a sentence is usually placed before the predicate. For example：

Subject	Predicate
Nǐ 你	hǎo! 好！
Nǐmen 你们	hǎo! 好！
Wǒ 我	jiào Niè Yǔfēi. 叫 聂羽菲。
Wǒmen 我们	shì Měiguó rén. 是 美国 人。
Niè Yǔfēi 聂羽菲	shì nǐmen de Hànyǔ lǎoshī. 是 你们 的 汉语 老师。

2. "是" 字句（1） The "是（shì）" Sentence（1）

"是（shì）"字句是由"是（shì）"构成的判断句，用于表达人或事物等于什么或者属于什么。其否定形式是在"是（shì）"前加上否定副词。例如：

A "是（shì）" sentence is a determinative sentence with "是（shì）", indicating what somebody or something equals or belongs to. The negative sentence is formed by adding the negative adverb "不（bù）" before "是（shì）". For example：

Subject	Predicate		
	Adv.	shì 是	Noun / Noun Phrase
Wǒ 我		shì 是	Zhōngguó rén. 中国 人。
Kǎixī 凯西	bú 不	shì 是	Měiguó rén. 美国 人。
Nǐ 你		shì 是	Yīngyǔ wàijiào. 英语 外教。
Ruìqiū 瑞秋	bú 不	shì 是	Déguó liúxuēshēng. 德国 留学生。

Note：The adverb "不（bù）" must be placed before "是（shì）".

3. 表领属关系的定语：结构助词 "的"
Attributives expressing possession：The Structural Particle "的（de）"

汉语中，定语必须放在所修饰的词之前。当代词或名词用作定语来表达，通常用结构助词 "的（de）"。

In Chinese, an attributive must be placed before the word it modifies. When a pronoun or a noun is used as an attributive to express possession, the structural particle "的（de）" is usually required.

NP / Pr	+	de 的	+	Noun
wǒ 我		de 的		kāfēi 咖啡 (coffee)
Déguó 德国		de 的		niúnǎi 牛奶 (milk)
nǐ 你		de 的		bàba 爸爸 (father)
wǒmen 我们		de 的		jiàoshì 教室 (classroom)
nǐmen 你们		de 的		Hànyǔ lǎoshī 汉语 老师

名词/代词+的（de）+名词 表达一种所属关系。当"的（de）"后的名词是亲属称谓或者指人的名词，或者单位的名字时，"的"可以省略。例如：

The structure " noun/pronoun + 的（de）+noun " indicates possession. When the noun following "的（de）" is a term of kinship or indicates a person, or indicates the name of unit, "的（de）" can be omitted. For example:

nǐ 你	bàba 爸爸	(your father)
wǒmen 我们	jiàoshì 教室	(our classroom)
nǐmen 你们	Hànyǔ lǎoshī 汉语 老师	(your Chinese teacher)

五、文化知识 Cultural Note

中国人的名字 Chinese Names

中国人的名字由两部分组成：姓和名。在中国，姓总是在名之前，这与日本的名字很相似。姓氏通常来自父亲一方（现在我们也发现姓来自母亲一方），父母为他们的孩子选择名字。

Chinese names are made up of two parts: family names (*xing*) and given names (*ming*). Family names always precede given names in Chinese, which is similar to Japanese names. While family names generally come from the father's side (nowadays we also find family names which come from the mother's side), parents choose given names for their children.

中国有 1,000 多个姓。李（Lǐ）、王（Wáng）、刘（Liú）和陈（Chén）是较常见的。李（Lǐ）是最常见的姓。大约有 1 亿人使用这个姓氏。

There are over 1,000 Chinese family names. Li, Wang, Liu, and Chen are among the most popular ones. Li is the most common surname. There are about 100 million people who use this surname.

在汉语中，大多数姓是由一个字组成的，但也有一些姓是由两个字组成的，如欧阳、司马等，因此被称为双音节或双字姓。在中国大陆，女性婚后保留姓氏。单字或双字的名字很常见，比如李成和聂羽菲。由于姓氏和名中使用的汉字数量有限，在中国人们有相同的名字并不罕见。

The majority of family names in Chinese consist of a single character, but there are some, such as Ouyang and Sima, that have two, and hence are known as disyllabic or double-character family names (*fuxing*). In China's mainland, women retain their family names after marriage. On the other hand, it is common to have single-character or double-character given names, such as in Li cheng and Nie Yufei. Due to the limited number of characters used in family names as well as in given names, it is not unusual for people to have identical names in China.

最常见的中国姓氏 The Most Common Chinese Surnames

李（Lǐ）	王（Wáng）	张（Zhāng）	刘（Liú）
陈（Chén）	杨（Yáng）	赵（Zhào）	黄（Huáng）
周（Zhōu）	吴（Wú）	徐（Xú）	孙（Sūn）
胡（Hú）	朱（Zhū）	高（Gāo）	林（Lín）
何（Hé）	郭（Guō）	马（Mǎ）	罗（Luó）

第二课

Dǎ zhāo hū
打 招 呼 Say Hello

By the end of this lesson, you will be able to greet others in Chinese. The pronunciations of the Chinese initials and finals introduced so far may seem unfamiliar to you. Don't be discouraged, however, with daily practice, you will surely be able to master them.

一、课文 Text

Scene：Rachel meets Kelsey and they say hello to each other.

Ruìqiū	Kǎixī, Nǐ hǎo ma ?
瑞秋：	凯西，你 好 吗?

Kǎixī	Wǒ hěn hǎo, nǐ ne ?
凯西：	我 很 好，你 呢?

Ruìqiū	Wǒ yě hěn hǎo. Xièxie!
瑞秋：	我 也 很 好。谢谢!

Scene：Rachel and Kelsey are greeting Dean Yin.

Yǐn yuànzhǎng	Nǐmen hǎo !
尹 院长：	你 好!

Ruìqiū Kǎixī	Nín hǎo !
瑞秋、凯西：	您 好 !

Yǐn yuànzhǎng	Huānyíng lái Yítōng xuéyuàn.
尹 院长：	欢迎 来 移通 学院。

Ruìqiū Kǎixī	Xièxie nín!
瑞秋、凯西：	谢谢 您!
Yǐn yuànzhǎng	Bú kèqi, zàijiàn!
尹 院长：	不客气，再见!
Ruìqiū Kǎixī	Zàijiàn!
瑞秋、凯西：	再见!

English Version

Rachel： *Kelsey, how are you?*
Kelsey： *I'm fine, and you?.*

Rachel： *I'm fine, too. Thank you!*

Rachel, Kelsey： *Hello!（polite form）*
Dean Yin： *Welcome to Yitong college.*
Rachel, Kelsey： *Thank you!（polite form）*
Dean Yin： *You are welcome, goodbye.*
Rachel, Kelsey： *goodbye.*

生词 *New Words*

1	吗	ma *part.* used at the end of a question.	8	谢谢	xièxie *v.* to thank
2	呢	ne *part.* used at the end of a question.	9	不	bù *adv.* no, not
3	院长	yuànzhǎng *n.* Dean, headmaster	10	不客气	bú kèqi you are welcome, don't mention it.
4	您	nín *pron.* （polite）you	11	再见	zàijiàn *v.* to see you around
5	欢迎	huānyíng *v.* to welcome		专有名词 *Proper Words*	
6	来	lái *v.* to come	移通学院	Yítōng xuéyuàn *n.* Yitong college, name of a school	
7	学院	xuéyuàn *n.* college	尹	Yǐn, a Chinese family name	

核心句 KEY SENTENCES

（1）Nín hǎo.

（2）Nǐ hǎo ma?

（3）Wǒ hěn hǎo, nǐ ne?

（4）Sb. yě hěn hǎo.

（5）Huānyíng lái + Place.

二、练习 Exercises

1. 语音练习 Pronunciation Drills

声母	Initials	b	t	z								
韵母	Finals	u	ang	ian	in	uan	van					

（1）汉语拼音（2）Chinese *Pinyin*（2）

bu	bao	ban	bang	beng	bian
du	dang	deng	dian	ding	duan
tu	tang	teng	tian	ting	tuan
jie	jian	jin	jing	jue	juan
qie	qian	qin	qing	que	quan
xie	xian	xin	xing	xue	xuan
zu	zang	zeng	zuo	zu	zuan
zhu	zhang	zheng	zhuo	zhu	zhuan

（2）汉语四声 Chinese Four Tones

xiē	xié	xiě	xiè	
bū	bú	bǔ	bù	
kē	ké	kě	kè	
qī	qí	qǐ	qì	bú kèqi
zāi		zǎi	zài	
jiān		jiǎn	jiàn	zàijiàn
huān	huán	huǎn	huàn	
yīng	yíng	yǐng	yìng	huānyíng
yuān	yuán	yuǎn	yuàn	
zhāng		zhǎng	zhàng	yuànzhǎng
wō		wǒ	wò	
	hén	hěn	hèn	Wǒ hěn hǎo
yē	yé	yě	yè	Yě hěn hǎo

（3）辨声母和四声 Initials and Four Tones discrimination

声母 Initials b m f d t n l g k h j q x zh sh r z

_____u   _____ian   _____u   _____uo   _____ing
road   *money*   *book*   *to sit*   *to listen*

_____u   _____in   _____ai   _____ang   _____a
to read   *close*   *white*   *busy*   *she，he，it*

_____an _____uan   _____ang _____u   _____ong _____ue
restaurant   *to help*   *classmate*

（4）辨韵母和四声 Finals and Four Tones discrimination

韵母　　Finals

a e i u ü

ai ei ao an ang en eng ong

uo uai uei uan

ie iao iou ian in ing –i [ʅ]

üe üan

b _____zhi   t _____wu   h _____ying   g _____z _____
newspaper   *to dance*   *welcome*   *to work；job*

sh _____d _____   b _____j _____   sh _____t _____
Shop，store   *Capital of China*   *body*

z _____j _____   sh _____b _____   n _____h _____
goodbye   *to fall ill，to be sick* *hello*

sh _____b _____   d _____q _____   t _____z _____q _____
to work，to do a job   *to play basketball*   *to kick football*

2. 会话练习　Conversation

问候别人 Greetings

完成下列对话 *Complete the following dialogue*

David is greeting to his students.

Dàwèi： Nǐmen hǎo ma？

Xuéshengmen： _____，nǐ ne？

Dàwèi： _____．

Dean Zhang is greeting to a new teacher, Lin Na.

Lín Nà： _____ ! _____ Lín Nà.

Zhāng yuànzhǎng： Nǐ hǎo, _____ Zhāng yuànzhǎng.

_____ Yítōng xuéyuàn.

Lín Nà： _____ .

Zhāng yuànzhǎng： _____ .

三、语音 Phonetics

1. 汉语拼音的声母和韵母（2）Initials and Finals of Chinese Pinyin（2） ├——

声母 Initials（2）   韵母 Finals（2）

b   t   z   │   u   ang   ian   in   uan   üan

2. 发音要领（2）Key points of pronunciation（2） ├——

Initials：   b   like "p" in "speak"（unaspirated, voiceless）.

t   like "t" in "tag"（aspirated）.

Note： Particular attention should be paid to the pronunciation of the aspirated and unaspirated consonants：d–t

z   like "ds" in "beds".

Finals：   –ng   （final）a nasalised sonud like the "ng" in "bang" without pronouncing the "g".

看图片，朗读下列词语。

Look at the pictures and read the words aloud.

yīyuàn

bādiǎn

diànshì

diànyǐng

diànnǎo

shàngbān

fángjiān

fúwùyuán

朗读下列音节，注意"一"的变调。

Read the syllables aloud and pay attention to Tone Sandhi of "一（yī）".

一 qiān
thousand

一 jīn
500g

一 gōngjīn
1000g

一 zhāng zhǐ
a paper

一 bǎi
hundred

一 běn shū
a book

一 bēi shuǐ
a cup of water

一 zhī bǐ
a pen

一 jiàn yīfu
a clothes

一 guàn kāfēi
a tin of coffee

一 bù diànyǐng
a film

一 wèi lǎoshī
a teacher

yǎnjing
eyes

míngzi
name

yīfu
clothes

xiānsheng
Sir.

duìbuqǐ
sorry

méi guānxi
It doesn't matter

3. "不"的变调　Tone Sandhi of "不（bù）"

（1）"不"在第一、二、三声音节前不变调。

When "不" is followed by a syllable in the first, second or third tone, its tone doesn't change.

bù hē
not drink

bù tīng
not listen

bù gōngzuò
not work

bù tī zúqiú
not kick football

bù lái
not come

bù máng
not busy

bù xuéxí
not study

bù huídá
not answer

bù mǎi
not buy

bù hǎo
not good

bù xǐhuān
not like

bù dǎ lánqiú
not play basketball

（2）"不"在第四声音节前变成第二声。

When "不" is followed by a syllable in the fourth, it changes into the second tone.

bú qù
not to go

bú zuò
not to do

bú guì
not expensive

bú yào
not want

bú shì
Not to be

bú huì
can' t

bú kuàile
not happy

bú shuìjiào
not sleep

bú tiàowǔ
not dance

bú shàngkè
not attend class

bú rènshi
not know

朗读下列音节，注意"不"的变调。

Read the syllables aloud and pay attention to Tone Sandhi of "不（bu）".

不 dà
not big

――

不 xiǎo
not small

不 yuǎn
not far

――

不 jìn
not close

不 duō
not much

――

不 shǎo
not less

不 kuài
not quick

――

不 màn
not slow

不 lěng	--	不 rè	不 xīn	--	不 jiù
not cold		not hot	not new		not old

4. 两个三声音节的连读变调　Tone Sandhi：3rd tone + 3rd tone

当两个第三声音节连读时，第一个音节变为第二声，3 + 3 变成 2 + 3。比如 "nǐ（你）" + "hǎo（好）" 变为 "nǐ hǎo"。但是注音时，要标原调。

When two third-tone syllables are read in sequence, the first syllable turns into the second tone, i. e., the 3+3 sequence becomes a 2+3 one. For example, "nǐ（你）" + "hǎo（好）" is read "nǐ hǎo". However, when put in the written form, the original tone is kept.

ˇ	+	ˇ	→	ˊ	+	ˇ
nǐ（你）		hǎo（好）		ní		hǎo
hěn（很）		hǎo（好）		hén		hǎo
kě（可）		yǐ（以）		ké		yǐ

朗读下列词语，注意第三声音节的读音。

Read the following words aloud and pay attention to the change in the tone of the 3rd tone syllables.

xiǎojiě	xǐ shǒu	zhǐyǒu
Miss.	to wash hand	only have
shuǐguǒ	yǔfǎ	xǐ zǎo
fruit	grammar	to take shower
suǒyǐ	kǒuyǔ	shǒubiǎo
so	oral language	watch

5. 发音辨析：韵母 i、u、ü

Differentiation：pronunciation of the finals i，u，ü

i 和 ü 是发音位置相同、嘴唇形状不同的两个韵母，发 i 时嘴唇的形状是平的，而发 ü 时一定要圆唇。练习时先发好 i，保持发音部位不动，然后把嘴唇圆起来就可以发出 ü。

The finals i and ü share the same position of articulation, but are pronounced with the lips in different shapes. When pronouncing i, the lips are relaxed; when pronouncing ü, the lips must be rounded. To practice the two sounds, you can say i first, then keep your tongue where it is and round your lips to pronounce ü.

u 和 ü 都是圆唇音，但是发音时 ü 的舌位在前，舌尖抵住下齿背，而 u 的舌位在后，舌尖不能和下齿背接触，舌头要尽力往后收才能发对。

Both u and ü are pronounced with rounded lips. When saying ü, the tongue is in a front position, with the tip pressing the inner surface of the lower teeth; When saying u, the tongue is in a back position, with the tip staying away from the inner surface of the lower teeth, and the tongue should be held backwards to pronounce the sound right.

| nǐ | nǔ | nǚ |
| lì | lù | lǜ |

6. 发音辨析：前鼻音韵母 n 和后鼻音韵母 ng

Differentiation: pronunciation of the alveolar nasal n and the velar nasal ng

发前鼻音 n [n] 时舌尖要抵住上齿龈，而发后鼻音 ng [ŋ] 时，舌头的后部要拱起，舌根向后收缩，抵住软腭；发 n [n] 时上下齿相对，开口较小，而发 ng [ŋ] 时开口度较大。

When saying to alveolar nasal n [n], the tongue tip should press the upper alveolar ridge; when saying the velar nasal ng [ŋ], the back part of the tongue forms an arch and the root of the tongue moves back and presses the soft palate. Compared with n [n], which is pronounced with the upper and lower teeth close to each other, ng [ŋ] is pronounced with the mouth more wide-open.

朗读下列词语，注意声母发音的区别。

Read the following words aloud and pay attention to the differences between the alveolar and velar nasals.

an	--------	ang
en	--------	eng
in	--------	ing
ian	--------	iang
uan	--------	uang
uen	--------	ueng

四、语法 Grammar

1. 形容词谓语句　Sentences with an Adjectival Predicate

形容词可以用在 主语+程度副词+形容词 这个结构中，描述人或事物的性质或状态。汉语中形容词直接充当谓语，这种句式称之为"形容词谓语句"。形容词谓语句中形容词可受程度副词"很""也"和"都"修饰。

否定形式为 主语+不+形容词。例如：

Used in the structure " Subject + Adverb of degree + Adjective " the adjective describes the nature or state of somebody or something. Adjectives in Chinese can function directly as predicates. This kind of sentence is called a sentence withe an Adjectival predicate. Adjective in this kind of sentences can be modified by Adverbs such as "很（hěn）""也（yě）" and "都（dōu）both/all".

The negative form is "Subject + 不（bù）+ Adjective". For example：

Subject	Predicate	
	Adverb. of Degree / 不 bù	Adjective
Nǐ 你		hǎo! 好！
Nǐmen 你们		hǎo! 好！
Wǒ 我	hěn 很	hǎo! 好！
Ruìqiū 瑞秋	yě hěn 也 很	hǎo! 好！
Wǒmen 我们	dōu hěn 都（both/all）很	gāoxìng. 高兴。
Kǎixī 凯西	bù 不	gāoxìng. 高兴。

2. 副词"也"和"都"的位置
The position of the Adverbs "也（yě）" and "都（dōu）"

副词"也"和"都"必须用在主语之后，谓语动词或形容词之前。如果"也"和"都"都修饰谓语，"也"必须放在"都"之前。

The Adverbs "也（yě）" and "都（dōu）" must occur after the subject and before the predicative verb or adjective. If both "也（yě）" and "都（dōu）" modify the predicate，"也（yě）" must be put before "都（dōu）".

yě dōu
也 ／ 都（both/all）＋ V ／ A

Subject	Predicate	
	Adverb. of Degree	Verb ／ Adjective
Ruìqiū 瑞秋		shì Měiguó rén. 是 美国人。
Ruìqiū 瑞秋		rènshi tā. 认识他。
Ruìqiū 瑞秋	hěn 很	máng. 忙（busy）。
Tā 她（She）	yě 也	shì Měiguó rén. 是 美国人。
Tā 她（She）	yě 也	rènshi tā. 认识他。
Tā 她（She）	yě hěn 也很	máng. 忙（busy）。

Subject	Predicate	
	Adverb. of Degree	Verb / Adjective
Tāmen 他们 (they)	dōu 都	shì Měiguó rén. 是 美国人。
Tāmen 他们 (they)	dōu 都	rènshi tā. 认识他。
Tāmen 他们 (they)	dōu hěn 都 很	máng. 忙 (busy)。
Wǒmen 我们	yě dōu 也 都	shì Měiguó rén. 是 美国人。
Wǒmen 我们	yě dōu 也 都	rènshi tā. 认识他。
Wǒmen 我们	yě dōu hěn 也 都 很	máng. 忙 (busy)。

否定句中，"也"必须放在"不"之前。"都"放在"不"的前后都可以。但"都不"和"不都"的意思不同。

In a negative sentence，"也（yě）" must occur before "不（bù）"."都（dōu）" may be put before or after "不（bù）". but the meanings of "都不（dōu bù）" and "不都（bù dōu）" are different.

$$\begin{array}{ccc} yě & dōu & bù \\ 也 & / & 都 \text{ (both/all)} \quad + \quad 不 \quad + \quad V / A \end{array}$$

Subject	Predicate	
	Adverb.	Verb / Adjective
Tā 她 (She)	bù 不	shì lǎoshī. 是 老师。
Nǐ 你	yě bù 也 不	shì lǎoshī. 是 老师。
Wǒmen 我们	dōu bù 都 不	shì lǎoshī. 是 老师。(none of us)
Wǒmen 我们	bù dōu 不 都	shì lǎoshī. 是 老师。(not all of us)

3. 形容词谓语句和副词"很"
Sentences with an adjectival predicate and the Adverb "很（hěn）"

在形容词谓语句中，形容词直接跟随主语，不需要动词"是"。如果形容词之前没有其他副词，比如"都""也"，副词"很"通常放在形容词之前，不重读。

In Sentences with an adjectival predicate, an adjective follows the subject directly and does not need the verb "是（shì）". If there are no other adverbs such as "都（dōu）" "也（yě）" before the adjective, the adverb "很（hěn）" is usually placed before it, and it is unstressed.

Subject	很 hěn	Adjective
Wǒ 我	hěn 很	hǎo. 好。
Dàwèi 大卫	hěn 很	máng. 忙 (busy)。
Liúxuéshēng 留学生	hěn 很	gāoxìng. 高兴。

在这种句子中，如果形容词前面没有副词，句子表示比较。例如：

In this kind of sentence, if the adjective does not have an adverb before it, the sentence indicates comparison. For example：

Wǒ máng, tā bù máng.

我忙，　他不忙。

(*I'm busy，he is not busy*)

Wǒ de běnzi dà.　(Nǐ de běnzi xiǎo.)

我　的本子大。(你的本子小。)

My notebook is big. (Your notebook is small.)

"很"在这里的含义并不明显。"我忙"和"我很忙"在程度上没有多大差别，除非强调"很"。

The meaning of "很 (hěn)" here is not so obvious. "我忙 (Wǒ máng)" and "我很忙 (Wǒ hěn máng)" are not much different in degree unless "很 (hěn)" is stressed.

4. 用"吗"的疑问句 Interrogative Sentences with "吗 (ma)"

疑问助词"吗"表示疑问语气，用在陈述句句尾构成疑问句。陈述句可以通过在问句后面加上疑问词"吗"，变成是非问句。

The particle "吗 (ma)" indicates an interrogative mood. When "吗 (ma)" is added at the end of a declarative sentence, the declarative sentence turns into a question. A declarative sentence can be changed into a "yes-no" question by adding the question particle "吗 (ma)" at the end of it.

Statement		Question
Nǐhǎo. 你好。	→	Nǐhǎo ma? 你好吗？
Dàwèi máng. 大卫 忙 (busy)。	→	Dàwèi máng ma? 大卫 忙 (busy) 吗？
Tāmen dōu hǎo. 他们 (they) 都 好。	→	Tāmen dōu hǎo ma? 他们 (they) 都 好 吗？
Nǐmen Hànyǔ lǎoshī bù gāoxìng. 你们 汉语 老师 不 高兴。	→	Nǐmen Hànyǔ lǎoshī bù gāoxìng ma? 你们 汉语 老师 不 高兴吗？

Statement	Question
Wǒ shì Zhōngguó rén. 我　是　中国人。	→	Nǐ shì Zhōngguó rén ma? 你　是　中国人吗？

5. 用"呢"构成的省略式问句 Abbreviated questions with "呢（ne）"

疑问助词"呢"用在名词或代词后构成省略式疑问句，用于询问上文提到的情况。常用的句式是：　A……。B 呢？

The interrogative particle "呢（ne）" is used after a noun or pronoun, forming a question about the situation mentioned previously. The commonly used sentence pattern is "A……. B ne?" (A…… how about B?). For example：

Pron. / NP.　+　呢（ne）？

Wǒ hěn hǎo, nǐ ne ?
我　很　好，你呢？

Nǐ ne ?　Nǐ hǎo ma?
（你呢？ ＝　你好　吗？）

Nǐ bù máng.　Dàwèi ne ?
你　不　忙（busy），大卫 呢？

Dàwèi ne ?　Dàwèi máng ma?
（大卫　呢？ ＝　大卫　忙（busy）吗？）

Ruìqiū shì Měiguó rén, Kǎixī ne?
瑞秋是　美国人，凯西 呢？

Kǎixī ne ?　Kǎixī shì Měiguó rén ma?
（凯西呢？ ＝　凯西 是　美国人　吗？）

Wǒmen rènshi Yǐn yuànzhǎng, nǐmen ne ?
我们　认识　尹院长，你们 呢？

nǐmenne ?　nǐmen rènshi Yǐn yuànzhǎng ma?
（你们呢？ ＝ 你们　认识　尹院长　吗？）

五、文化知识 Cultural Note

家庭及亲属表达方式 Forms of Address for Family and Relatives

汉语中的"母亲""父亲""儿子"和"女儿"的使用方式与在英语中用法类似，但在汉语中称呼兄弟姐妹和亲戚却相当复杂。中国家庭成员的称谓有两个原则：1）区分父亲一方的亲戚和母亲一方的亲戚；2）考虑说话人的年龄。

While the Chinese words for "mother" "father" "son" and "daughter" are used in ways similar to what we find in English, addressing siblings and relatives is fairly complex in Chinese. Two principles govern how Chinese family members are addressed：1）relatives on the paternal side are distinguished from those on the mother's side; and 2）age relative to the speaker is taken into consideration.

英语中的"grandmother"和"grandfather"可以是指父母双方的祖父母。汉语中一定要指出他们是母亲还是父亲的父母。父亲父母的称谓是"祖父"和"祖母"，非正式地称其为"爷爷"和"奶奶"。对母亲父母的称谓是"外祖父"和"外祖母"，口语中分别称"外公"（或"姥爷"）和"外婆"（或"姥姥"）。

The English words "grandmother" and "grandfather" can refer to grandparents on either the mother's or father's side. In Chinese, on the other hand, one has to indicate whether they are the mother's or the father's parents. The parents of one's father are zumu "grandmother" and zufu "grandfather" and are informally called yeye "grandpa" and nainai "grandma". However, the terms for one's mother's parents are wai zufu "maternal grandfather" and wai zumu "maternal grandmother", and in spoken Chinese, waigong (or laoye), and waipo (or laolao), meaning literally "maternal grandpa" and "maternal grandma" respectively.

在汉语中，特指兄弟姐妹比说话人年长还是年轻。例如，汉语中没有一个等同于英语"BROTHER"的词，而是有"GEGE 哥哥"和"DIDI 弟弟"。同样，"ELDER SISTER"是"姐姐"，"YOUNGER SISTER"是"妹妹"。在汉语中，一定要区分兄弟姐妹，使用正确的术语。

In Chinese, special terms are used to indicate whether siblings are older or younger than the speaker. For instance, instead of a term equivalent to the English "brother", Chinese has gege "elder brother" and didi "younger brother". Similarly, "elder sister" is jiejie, and "younger sister" is meimei. In Chinese, one must always be sure to differentiate between elder and younger siblings and use the correct terms.

中国对家庭成员的称谓非常具体。除了上面介绍的以外，其他常见称谓包括：伯伯（父亲的哥哥、叔父）、叔叔（父亲的弟弟、叔父）、姑姑（父亲那边的阿姨）、舅舅（母亲那边的兄弟）、姨妈（母亲那边的阿姨）、嫂子（哥哥的妻子）、弟妹（弟弟的妻子）、姐夫（姐姐的丈夫）、妹夫（妹妹的丈夫）、表哥（母亲那边年长兄弟）、堂姐（父亲那边年长姐妹）。

Chinese appellations for family members are highly specific. In addition to the ones introduced above, other common appellations include bobo (father's elder brother, uncle), shushu (father's younger brother, uncle), gugu (paternal aunt), jiujiu (maternal uncle), yima (maternal aunt), saozi (elder brother's wife, sister-in-law), dimei (younger brother's wife, sister-in-law), jiefu (elder sister's husband, brother-in-law), meifu (younger sister's husband, brother-in-law), biaoge (elder male cousin on mother's side), and tangjie (elder female cousin on father's side).

第三课

Diǎn cài
点 菜 Order foods

Now, would you like to use Chinese to learn more about the people you meet? In this lesson, you will learn how to order food in Chinese restaurant. You should be able to express your needs in Chinese and learn about many vegetable names and some famous Chinese dishes. Remember to keep practicing your pronunciation and tones everyday.

一、课文 Text

Scene: Rachel, Kelsey and David order foods in Chinese restaurant.

Fúwùyuán	Huānyíng guānglín. Qǐngwèn, jǐwèi?
服务员:	欢迎 光临。请问，几位？
Dàwèi	Sān ge rén.
大卫:	三 个 人。
Fúwùyuán	Zhèbiān. Zhè shì càidān.
服务员:	这边。这 是 菜单。
Ruìqiū	Bù hǎo yìsi, wǒmen kàn bu dǒng càidān. Xièxie.
瑞秋:	不好意思，我们 看 不 懂 菜单。谢谢。

Kǎixī   Wǒ yào yí gè xīhóngshì chǎo jīdàn. Nǐmen diǎn shénme?
凯西： 我 要 一个 西红柿 炒 鸡蛋。你们 点 什么？

Dàwèi   Wǒ xiǎng chī mù' ěr chǎo ròu hé mápó dòufu.
大卫： 我 想 吃 木耳 炒 肉 和 麻婆 豆腐。

Ruìqiū   Wǒ xiǎng hē huángguā pídàn tāng.
瑞秋： 我 想 喝 黄瓜 皮蛋 汤。

Fúwùyuán Hǎode. Qǐng shāoděng.
服务员： 好的。请 稍等。

… … … …

Ruìqiū   Fúwùyuán, mǎidān.
瑞秋： 服务员，买单。

Dàwèi   Xiàwǔ wǒmen kàn xióngmāo ba.
大卫： 下午 我们 看 熊猫 吧。

Kǎixī   Tài hǎo le !
凯西： 太 好 了！

English Version

Waiter： *Welcome. Excuse me, how many people ?*

David： *Three.*

Waiter： *This way. This is menu.*

Rachel： *Sorry. We can' t understand the menu. Thank you.*

Kelsey： *I want a Scrambled eggs with tomatoes. What do you order ?*

David： *I want to eat Black fungus fried meat and Stir-Fried Tofu in Hot Sauce.*

Rachel： *I want to drink cucumbers Preserved eggs soup.*

Waiter： *OK. Hold on, please.*

…… ……

Rachel： *Waiter, the bill, please.*

David： *Let's visit panda in the afternoon.*

Kelsey： *Great !*

生词 *New Words*

1	服务员	fúwùyuán *n.* attendant. Waiter/waitress.	13	点	diǎn *pron.* to order
2	请	qǐng *v.* (polite) please	14	什么	shénme *pron.* what

3	问	wèn *v.* to ask	15	想	xiǎng *mod.* to want, would like
4	几	jǐ *pron.* how many	16	吃	chī *v.* to eat
5	位	wèi *m.* *a respectful measure word for people*	17	肉	ròu *n.* meat
			18	和	hé *conj.* and
6	这边	zhèbiān *pron.* this side.	19	喝	hē *v.* to drink
7	这	zhè *pron.* this	20	汤	tāng *n.* soup
8	看	kàn *v.* to see, to visit	21	下午	xiàwǔ *n.* afternoon
9	懂	dǒng *v.* to understand, to know	22	熊猫	xióngmāo *n.* panda
10	菜单	càidān *n.* menu	23	要	yào *aux.* to want, would like
11	个	gè *m.* a general measure word	24	吧	ba *part.* *used at the end of a sentence to indicate consulation suggestion request and command.*
12	太	tài *adv.* too, excessively			

西红柿	xīhóngshì Tomato	鸡蛋	jīdàn egg
木耳	mù'ěr Black fungus	猪肉	zhūròu pork
黄瓜	huángguā cucumber	皮蛋	pídàn Preserved eggs
豆腐	dòufu Tofu		

西红柿炒鸡蛋	Xīhóngshì chǎo jīdàn	Scrambled eggs with tomatoes
木耳炒肉	mù'ěr chǎo ròu	Black fungus fried meat
麻婆豆腐	mápó dòufu	Stir-Fried Tofu in Hot Sauce

欢迎光临	Huānyíng guānglín used to show a respectful welcome for guests.	太…了	tài……le too, extremely
请问	Qǐngwèn Excuse me	不好意思	bù hǎo yìsi (I'm) sorry
稍等	shāoděng Hold on	买单	mǎidān pay the bill

词语扩展 Words Extension

鸡肉	jīròu	chickren	土豆	tǔdòu	potato
牛肉	niúròu	beef	西兰花	xīlánhuā	broccoli
羊肉	yángròu	mutton	茄子	qiézi	eggplant
鱼	yú	fish	蘑菇	mógu	mushroom
虾	xiā	shrimp	洋葱	yángcōng	onion
米饭	mǐfàn	rice	面条	miàntiáo	noodle
啤酒	píjiǔ	beer	面包	miànbāo	bread
咖啡	kāfēi	coffee	包子	bāozi	Steamed stuffed buns

绿茶	lǜchá	green tea	饺子	jiǎozi	dumplings
可口可乐	kěkǒukělè	Coca-cola	火锅	huǒguō	Hot pot
糖醋里脊	tángcù lǐjí		Sweet and sour pork		
宫保鸡丁	gōngbǎo jīdīng		Kung pao chicken		
京酱肉丝	jīngjiàng ròusī		Pork with Bean Sauce		
酸辣土豆丝	Suānlà tǔdòu sī		Hot and sour potato		

核心句 KEY SENTENCES

(1) Zhè shì càidān.

(2) Wǒ yào … …

(3) Wǒ xiǎng chī/hē … …

(4) Wǒmen kàn bu dǒng càidān.

(5) Nǐmen diǎn shénme ?

(6) Xiàwǔ wǒmen kàn xióngmāo ba!

二、练习 Exercises

1. 语音练习 Pronunciation Drills

	Initials	p	c	ch	s		
韵母	Finals	o	ou				
		ia	iang	iong			
		ua	uang	uen (un)	ueng	ün	er

（1）汉语拼音（3）Chinese Pinyin（3）

pei	pou	piao	pian	peng	ping
ca	cu	cou	cong	cuo	cun
cha	chu	chou	chong	chuo	chun
sa	su	sou	song	suo	sun
ra	ru	rou	rong	ruo	run
jia	jiu	jiao	jiang	jiong	jun
qia	qiu	qiao	qiang	qiong	qun
xia	xiu	xiao	xiang	xiong	xun

（2）汉语四声 Chinese Four Tones

xiā	xiá		xià	
wū	wú	wǔ	wù	xiàwǔ
qīng	qíng	qǐng	qìng	
wēn	wén	wěn	wèn	Qǐngwèn
xiāng	xiáng	xiǎng	xiàng	
chī	chí	chǐ	chì	Xiǎng chī
huāng	huáng	huǎng	huàng	
guā		guǎ	guà	huángguā
	mú	mǔ	mù	
	ér	ěr	èr	mù'ěr
chāo	cháo	chǎo	chào	
	róu		ròu	Mù'ěr chǎo ròu
xiōng	xióng		xiòng	
māo	máo	mǎo	mào	xióngmāo

（3）辨声母和四声 Initials and Four Tones discrimination

声母　　Initials　　b　p　m　f　d　t　n　l　g　k　h

j　q　x　zh　ch　sh　r　z　c　s

| ____ia | ____ou | ____uan | ____ou | ____uo |
| *home* | *dog* | *to wear* | *walk* | *wrong* |

| ____ong | ____iao | ____i | ____ing | ____a |
| *to send* | *ticket* | *seven* | *zero* | *eight* |

| ____ian ____ua | | ____ou ____i | | ____ao ____u |
| *telephone* | | *Mobile phone* | | *running* |

（4）辨韵母和四声 Finals and Four Tones discrimination

a　o　e　i　u　ü

韵母　Finals　ai　ei　ao　ou　an　en　ang　eng　ong

ua　uo　uai　uei　uan　uen(un)　uang　ueng

ia　ie　iao　iou(iu)　ian　iang　in　ing　iong

üe　üan　üen(ün)　er　-i [ʅ]　-i [ɿ]

p ____ yi	p ____ liang	p ____ you	g ____ su
cheap	*beautiful*	*friend*	*to tell*
g ____ si	h ____ chi	n ____ er	x ____ yu
company	*delicious*	*daughter*	*rain*
j ____ ch ____	sh ____ b ____	d ____ j ____	
airport	*watch*	*everybody*	
p ____ g ____	x ____ g ____	q ____ ch ____	
apple	*watermelon*	*to get up*	
p ____ b ____	ch ____ g ____	sh ____ h ____	
near	*to sing songs*	*to speak*	

2. 会话练习 Conversation

点菜 Order dishes

完成下列对话 *Complete the following dialogue*

David and his Chinese teacher are ordering food in restaurant.

Dàwèi： Zhè shì shénme ?

Yǔfēi： _____, nǐ xiǎng diǎn shénme ?

Dàwèi： _____. Nǐ ne ?

Yǔfēi： Wǒ yào chī niúròu. _____ ?

Dàwèi： Wǒ xiǎng hē píjiǔ.

Yǔfēi： Nǐ xiǎng hē xīhóngshì jīdàn tāng ma ?

Dàwèi： _____.

建议 Making suggestions

David, Kelsey, Rachel and their Chinese teacher are ordering food in restaurant.

Fúwùyuán： _____, _____?

Dàwèi： Sì wèi.

Fúwùyuán： Nǐmen rènshi Zhōngguó càidān ?

Ruìqiū： Bù hǎo yìsi, _____.

Fúwùyuán：Méi guānxi. _____?

Dàwèi：_____

Gōngbǎo jīdǐng hé yí gè Suānlà tǔdòusī.

Kǎixī：_____ huángguā tāng.

Ruìqiū、Kǎixī：Wǒmen _____ Kělè.

Fúwùyuán：____, ____.

完成下列对话 *Complete the following dialogue*

Rachel and her friend are discussing what to do in the afternoon.

yóuyǒng	pǎobù	kàn diànyǐng	wán diànnǎo
swimming	*running*	*to watch film*	*to play computer*
tī zúqiú	dǎ lánqiú	hē kāfēi	mǎi dōngxi
to kick football	*to play basketball*	*to drink coffee*	*to buy things*

Ruìqiū péngyou：Xiàwǔ nǐ lái wǒmen xuéxiào ma？

Ruìqiū：Wǒ bù xiǎng qù（to go）. Wǒmen qù yóuyǒng ba.

Ruìqiū péngyou：bú qù.

Ruìqiū：_____ ba.

Ruìqiū péngyou：bù hǎo. _____ ba.

Ruìqiū：_____ ba.

Ruìqiū péngyou：Zhè gè hǎo. Tài hǎo le.

三、语音 Phonetics

1. 汉语拼音的声母和韵母（3）Initials and Finals of Chinese Pinyin（3）

声母 Initials（2）　　　　　　　　韵母 Finals（2）

p　c　ch ｜ s　o　ou　ia　iang　iong　ün

　　　　　　　ua　uang　uen　ueng　er　-i [ʅ]

2. 发音要领（3）Key points of pronunciation（3）

Initials：　　p　　　like "p" in "park"（aspirated, voiceless）.

Note：Particular attention should be paid to the pronunciation of the aspirated and unaspirated consonants：b-p

c	like "ts" in "cats", with aspiration.
ch	like "ch" in "church", but with the tip of the tongue curled farther back, aspirated.
s	Pronounced the same as "s" in "see" in English.

看图片，朗读下列词语。

Look at the pictures and read the words aloud.

chá

chuán

cài

nǚ'ér

érzi

huǒchē zhàn

chūzūchē

zìxíngchē

gōnggòng qìchē

3. 发音辨析：声母 zh、ch、sh、r
Differentiation：pronunciation of the initials zh, ch, sh, r

zh、ch、sh、r 是一组翘舌音，是由翘起的舌尖和硬腭前部配合而发音的。发 zh、ch 时，舌尖要先和硬腭接触，然后打开一条缝隙让气流通过，发 zh 时没有强烈的气流呼出，而发 ch 时呼出的气流很强。发 sh 时，舌尖不要与硬腭接触，要始终保持一条缝隙。与 sh 不同，在发 r 时声带要振动。

zh, ch, sh and r are a series of cacuminals, which are pronounced with the tongue tip turned-up and coordinating with the front part of the hard palate. When saying zh and ch, the tongue tip first touches the hard palate and then opens a gap to let the air flow. ch comes with a much stronger airflow, but zh doesn't. When saying sh, the tongue tip doesn't touch the hard palate, leaving a gap all along. Different from sh, r is pronounced with the vocal cords vibrating.

朗读下列词语，注意声母发音的区别。

Read the following words aloud and pay attention to the differences between initials.

chēzhàn	shēngrì	rènshi
station	*birthday*	*to recognize*
chāoshì	shāngchǎng	chū chāi
supermarket	*shopping mall*	*to go on business*
shàng chē	Chángchéng	zhūròu
to get on bus	*The Great Wall*	*pork*

4. 发音辨析：声母 j，q，x 和 z，c，s
Differentiation：pronunciation of the initials j，q，x and z，c，s

j、q、x 是舌面音，发 j、q 时舌面要与硬腭接触，j 没有强烈的气流呼出，而 q 有强烈的气流呼出。发 x 时，舌面接近硬腭，但不要接触，始终保持一条缝隙。

j，q and x are known as coronals. The surface of the tongue touches the hard palate when pronouncing j and q. While q brings out a strong airflow，j doesn't. When x is pronounced，the surface of the tongue approaches the hard palate without reaching it，leaving a gap in between.

朗读下列词语，注意声母发音的区别。

Read the following words aloud and pay attention to the differences between initials.

xīngqī	xiūxi	xiāngjiāo
week	*to have a rest*	*banana*
xiǎojiě	jiějie	xuéxí
Miss.	*elder sister*	*to study*
xǐyījī	xǐ jiǎo	xièxie
washing machine	*to wash feet*	*thank you*

z、c、s 是舌尖前音。发 z、c 时舌面要与硬腭接触，然后马上打开形成缝隙，z 没有强烈的气流通过，而 c 有明显的气流通过。发 s 时，舌尖前与上齿背始终不接触，保留缝隙使气流流出。

z、c and s are dentals. When pronouncing z and c，the front part of the tongue tip touches the inner surface of the upper teeth and then immediately parts with it，forming a gap in between. z is pronounced with no strong airflow，while c comes with an obvious airflow. When pronouncing s，the front part of the tongue tip stays away from the inner surface of the upper teeth all along，leaving a gap for the airflow to get through.

朗读下列词语，注意声母发音的区别。

Read the following words aloud and pay attention to the differences between initials.

sān cì	xiànzài	yánsè
three times	*now*	*colour*

zìjǐ	suǒyǐ	Chuān cài
oneself	*so*	*Sichuan cuisine*
gàosu	yángcōng	gōngzuò
To tell	*onion*	*Work; job*

5. 拼音规则（2）：省写　Rules of Pinyin（2）：Abbreviation

iou、uei、uen 前面加声母的时候，写成：iu、ui、un。例如：niu、gui、lun。

When iou、uei、uen follows an initial, they are written as iu、ui and un respectively, for example, niu、gui、lun.

朗读下列音节，注意韵母省写的部分。

Read the syllables aloud and pay attention to the abbreviated finals.

shuǐguǒ	niúnǎi	duìbuqǐ	shuìjiào
fruit	*milk*	*sorry*	*sleep*
huídá	zhǔnbèi	xiūxi	zúqiú
to answer	*to prepare*	*to have a rest*	*football*
lánqiú	píjiǔ	liù suì	zuì kuài
basketball	*beer*	*six years old*	*the fastest*

6. 拼音规则（3）：y、w 的用法　Rules of Pinyin（3）：use of y and w

以 i、u、ü 开头的韵母如果前面没有声母，在拼写时需要使用 y 或 w，具体情况如下：

If a final beginning with i、u or ü has no initial before it, y or w is used in the written form. See the following table for details：

韵母 Final		写法 Written Form
Beginning with i	i、in、ing	yi、yin、ying
	ia、ie、iao、ian、iang、iong	ya、ye、yao、yan、yang、yong
	iu	you
Beginning with u	u	wu
	ua、uo、uai、uan、uang、ueng	wa、wo、wai、wan、wang、weng
	ui、un	wei、wen
Beginning with v	v、ve、van、vn	yu、yue、yuan、yun

7. 拼音规则（4）：单韵母 ü 和 ü 开头的韵母跟 j、q、x 相拼的规则

Rules of Pinyin（4）：ü or finals led by ü with j、q、x

ü 和 ü 开头的韵母跟声母 j、q、x 相拼的时候，ü 上两点要省略，如写成 ju、qu、xu；但是跟声母 l、n 相拼的时候，仍然要写成 lü、nü。

When ü or a final beginning with ü follows j、q or x, the two dots on the top of ü should be removed, for example, ju、qu、xu. However, if the initials is l or n, the form is lü and nü respectively.

朗读下列音节，注意 ü 的拼写与实际发音。

Read the syllables aloud. Pay attention to the form and pronunciation of ü.

ü	üe	üan	ün
ju	jue	juan	jun
qu	que	quan	qun
xu	xue	xuan	xun

8. 拼音规则(5):隔音符号 Rules of Pinyin (5)：syllable-dividing mark

a、o、e 开头的音节连接在其他音节后面时，为了避免音节的界限发生混淆，用隔音符号（'）隔开，例如 pí'ǎo（皮袄）。

When a syllable beginning with a、o or e follows another syllable, the syllable-dividing mark (') is used to separate the two syllables, for example, pí'ǎo（皮袄, fur-lined jacket）.

朗读下列音节，注意有无隔音符号的不同。

Read the syllables aloud. Pay attention to the differences between the words with and without the syllable-dividing mark.

piāo ---- pí'ǎo
to float -- fur-lined jacket

xiān ---- Xī'ān
earlier, before -- City of Xi'an

jiē ---- jī'è
to receive -- hungry

jiāng ---- jī'áng
will, shall -- excited and impassioned

fǎngǎn ---- fāng'àn
to loathe -- work plan

fānàn ---- fān'àn
to launch an attack -- to reverse a verdict

四、语法 Grammar

1. 动词谓语句 Sentences with a verbal Predicate

动词谓语句中谓语的主要部分是动词。宾语通常在动词后面。它的否定形式之一是把副词"不"在动词之前。

The main part of the predicate in a sentence with a verbal predicate is a verb. The object usually follows the verb. One of its negative forms is made by placing the adverb "不 bù" before the verb.

Subject	Predicate			
	Adv. /Time	V	O	Particle
Nǐ 你		lái 来	Yítōngxuéyuàn 移通学院	ma? 吗?
Tā 她		jiào 叫	Ruìqiū. 瑞秋。	
Wǒ 我	bú 不	rènshi 认识	tāmen. 他们。	
Nǐmen 你们		diǎn 点	shénme？ 什么?	
Dàwèi 大卫	xiǎng 想	chī 吃	mù'ěr chǎo ròu. 木耳炒肉。	
Wǒmen 我们	xiàwǔ 下午	kàn 看	xióngmāo 熊猫	ba. 吧。
Kǎixī 凯西		yào 要	Xīhóngshì chǎo jīdàn. 西红柿炒鸡蛋。	

2. 疑问代词"几" Interrogative Pronoun "几（jǐ）"

疑问代词"几"用来询问数量的多少，一般用于询问十以下的数字。例如：

The interrogative pronoun "几 jǐ" is used to ask about a number, usually less than 10. For example：

      jǐ wèi kèrén ?

（1）几 位 客人?

      Yítōng xuéyuàn yǒu　jǐ gè Hànyǔ lǎoshī ?

（2）移通 学院 有（to have）几 个 汉语 老师?

      Nǐ nǚ'ér jǐ suì le ?

（3）你女儿 几岁了? （how old is your daughter ?）

3. 用"请"的祈使句 Imperative Sentences with "请（qǐng）"

动词"请"后加其他动词可以构成一种祈使句，委婉地表示建议、希望对方做某事。例如：

When the verb "请（qǐng）" is used before another verb, an imperative sentence is formed，indicating a polite suggestion or hope. For example：

      Qǐngwèn.

（1）请 问。

      Qǐng shāoděng.

（2）请 稍等。

      Qǐng kàn.

（3）请 看。

      Qǐng hē tāng.

（4）请 喝 汤。
　　　Qǐng zuò.

（5）请 坐。(*sit down, please.*)

4. 数量词作定语　Numeral-measure words as attributives

在现代汉语中，数字不能直接充当定语来修饰名词，而必须与量词结合起来。所有名词都有自己的量词。例如：

In modern Chinese, a numeral alone cannot directly function as an attributive to modify a noun but must be combined with a measure word. All nouns have their own particular measure words, for example：

Nu	+	M	+	N
jǐ 几		wèi 位		kèrén 客人
sān 三		gè 个		rén 人
yí 一		gè 个		Xīhóngshì chǎo jīdàn 西红柿炒鸡蛋
wǔ 五		kǒu 口		rén 人

"个"是汉语中最常见的一个量词，一般用于没有专用量词的名词前。"位"是一个用于描述人数的量词，是礼貌的用法。

"个 gè" is the most common measure word in Chinese, usually used before a noun without a specific measure word of its own. "位 wèi" is a polite measure word for persons.

"口"也是一个量词，一般用于描述家庭成员的人数。例如：

"口 kǒu" is a measure word, too, usually used to for members of a family. For example：
　　　Wǒ jiā yǒu wǔ kǒu rén.

（1）我 家 有 五 口 人。(*There are five people in my family.*)
　　　Nǐ jiā yǒu jǐ kǒu rén?

（2）你 家 有 几 口 人？(*How many people are there in your family?*)

5. 可能补语：V 得/不 + Complements of Possibility
Complements of Possibility Introduced by "V 得/不"

汉语中用"V 得 + Complements"或"V 不 + Complements"表示能否实现某种结果或达到某种目的。"V 得 + Complements"是肯定形式，"V 不 + Complements"是否定形式。疑问形式是"V 得 + Complements V 不 + Complements"或"V 得 + Complements 吗"。

In Chinese, "V 得 + Complements" or "V 不 + Complements" can be used to indicate whether or not a result can be obtained or a goal be reached. "V 得 + Complements" is positive form, and "V 不 + Complements" is the negative form. The complements used in this structure are usually complements of result or direction, and certain adjectives or verbs. The interrogative form is "V 得 + Complements V 不 + Complements" or "V 得 + Complements 吗". For example：

Question： Or	Nǐ kàn de dǒng kàn bu dǒng càidān ? 你看 得 懂 看 不 懂 菜单? (*Can you understand the menu or not ?*) Nǐ kàn de dǒng càidān ma ? 你看 得 懂 菜单 吗? (*Can you understand the menu?*)
Positive form：	Wǒ kàn de dǒng càidān 我 看 得 懂 菜单。 (*I understand menu.*)
Negative form：	Wǒ kàn bu dǒng càidān. 我看 不 懂 菜单。 (*I don' t understand menu.*)

Tāmen shì Déguó liúxuésheng, tāmen tīng bu dǒng Hànyǔ.
(1) 他们 是 德国 留学生, 他们听不 懂 汉语。
Tā de Yīngyǔ hěn hǎo, tā kàn de dǒng zhè ge càidān.
(2) 他 的 英语 很 好,他看 得懂 这个 菜单。
Wàijiào de Yīngyǔ kè, nǐmen tīng de dǒng ma ?
(3) 外教 的 英语课, 你们听 得 懂 吗?

6. 能愿动词谓语句：想、要
Sentences with the Modal verbs："想 xiǎng" "要 yào"

能愿动词 "想" 一般用在动词前表示一种希望或者打算。例如：
The Modal verb "想 xiǎng" is used before a verb to express a hope or plan.
For example：
Wǒ xiǎng chī mù' ěr chǎo ròu.
(1) 我 想 吃 木耳炒肉。
Tāmen dōu xiǎng rènshi wǒ de Hànyǔ lǎoshī.
(2) 他们 都 想 认识 我 的 汉语 老师。
Dàwèi de péngyou xiǎng lái Héchuān.
(3) 大卫 的 朋友 想 来 合川。
助动词 "要" 用在动词前, 表示有做某件事情的愿望。否定形式一般为 "不想"
例如：
The Auxiliary verb "要 yào" is used before a verb, it indicates the desire to do something. Its negative form is usually "不想 bù xiǎng". For example：
Ruìqiū yào hē lǜchá.
(1) 瑞秋 要 喝 绿茶。

Tāmen xiàwǔ yào qù Yítōng xuéyuàn ma？

（2）他们 下午 要 去 移通学院 吗？

Tāmen xiàwǔ bù xiǎng qù Yítōng xuéyuàn，tāmen yào qù yīyuàn.

（3）他们 下午 不 想 去 移通学院， 他们 要去 医院。

能愿动词"想"和"要"都表达主观的意图和需求。它们的意思基本相同。有时"要"强调意图或需求，而"想"更强调意图或希望。

Both the Modal verbs "想 xiǎng" and "要 yào" express subjective intention and demand. They are basically the same in meaning. Sometimes "要 yào" emphasizes the intention or demand，while "想 xiǎng" places more emphasis on the intention or hope. For example：

Wǒ yào chī kǎoyā.

我 要 吃 烤鸭。（*Roast duck*）

Wǒ xiǎng qù běijīng chī kǎoyā.

我 想 去北京 吃 烤鸭。

"想"和"要"（表示一种要求）的否定形式都是"不想"。

The negative form for both "想 xiǎng" and "要 yào"（denoting a demand）is "不想 bù xiǎng".

Subject	Predicate	
	Modal verb.	Verb　Object
Liúxuésheng 留学生	xiǎng 想	chī　jiǎozi. 吃　饺子。
Wǒ 我	yào 要	shuìjiào. 睡觉（sleep）。
Dàwèi 大卫	bù xiǎng 不 想	qù　Shànghǎi. 去 上海。
Wǒmen 我们	bù xiǎng 不 想	hē　kāfēi. 喝 咖啡。

7. 疑问代词"什么" The Interrogative Pronoun "什么（shénme）"

疑问代词"什么"表示疑问，用在疑问句中可直接做宾语，或者与后接名词性成分一起做宾语。例如：

The interrogative pronoun "什么（shénme）" is used in interrogative sentences，serving as the object by itself or together with a nominal element following it. For example：

Subject	Predicate	
	Verb	Object
Nǐ 你	jiào 叫	shénme míngzi？ 什么 名字（name）？
Zhè 这	shì 是	shénme？ 什么？

Subject	Predicate	
	Verb	Object
Wǒmen 我们	diǎn 点	shénme cài ? 什么 菜（dish）?
Nǐmen 你们	hē 喝	shénme ? 什么?
Kǎixī 凯西	chī 吃	shénme ? 什么?

8. 连词"和" The Conjunctions "和（hé）"

连词"和"用于连接两个或者两个以上并列的成分，表示一种并列关系。连词"和"只能连接词、短语，不能连接句子。例如：

The Conjunction "和（hé）" is used to connect two or more elements, indicating a parallel relationship. "和（hé）" can only connect words, phrases but not sentences. For example：

Wǒmen xiǎng chī mù'ěr chǎo ròu hé mápó dòufu.

（1）我们 想 吃 木耳炒肉 和 麻婆豆腐。

Hànyǔ lǎoshī rènshi Ruìqiū, Kǎixī hé Dàwèi.

（2）汉语 老师 认识 瑞秋、凯西 和 大卫。

Wǒ yào yì bēi kāifēi hé yí gè dàngāo.

（3）我 要 一杯 咖啡 和 一个 蛋糕。
　　　（a cup of coffee）　　（a cake）

9. 语气助词"吧" The Modal Particle "吧（ba）"

语气助词"吧 ba"用在祈使句末尾，表示建议或者命令别人，使语气缓和。例如：

When used at the end of an imperative sentence, the modal particle "吧 ba" indicates a suggestion or command with a softened mood. For example：

Xiàwǔ wǒmen kàn xióngmāo ba.　　Tài hǎo le.

A：下午 我们 看 熊猫 吧。 B：太 好 了。

语气助词"吧 ba"有许多用法。它用于弱化语气，在句中也可以用于表达请求、命令、劝说和咨询。例如：

The Modal particle "Ba" has many usages. It is used to soften the tone of speech here and it may also be used in sentences expressing requests, commands, persuasion and consultation. For example：

Qǐng zuò ba.

（1）请 坐 吧。

Wǒmen hē lǜchá ba.

（2）我们 喝绿茶 吧。

Tā shì nǐ xuésheng ba ?

（3）他 是 你 学生 吧？

　　Nǐ liù suì le ba？

（4）你 六岁 了吧？

　　(*Are you 6 years age?*)

10. 程度副词"太"The Adverb "太（tài）"

副词"太"表示程度深的意义。用"太"的句尾常带"了"。否定句不用"了"。例如：

The adverb "太 tài" indicates a high degree. "了 le" is often used at the end of the sentences with "太 tài", but not in negative sentences. For example：

　　Tài hǎo le. Wǒmen míngtiān qù Shànghǎi.

（1）太 好 了。我们 明天（*tomorrow*）去 上海。

　　Dàwèi māma míngtiān lái Héchuān, tā tài gāoxìng le.

（2）大卫 妈妈 明天（*tomorrow*）来 合川， 他 太 高兴 了。

　　Chóngqìng tài rè le, Déguó bú tài rè.

（3） 重庆 太 热（*hot*）了，德国 不 太 热。

五、文化知识 Cultural Note

中国人的日常膳食 Chinese People's Daily Meals

中国人认为"食物是人民的至高无上的必需品"，因此，他们在日常饮食中吃得很丰富。

Chinese believe "food is the paramount necessity of the people", therefore, they eat abundant food in their daily meals.

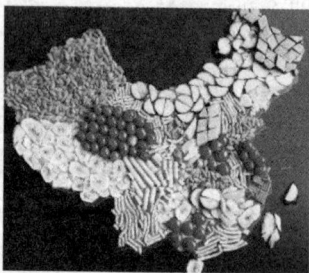

由于中国幅员辽阔，中国人的饮食习惯各不相同。然而，一般来说，北方人热衷于吃小麦食品，而南方人则偏爱煮熟的米饭。传统中餐包括粥、馄饨、馒头、包子、油条、烧饼、鸡蛋和豆奶；在一些地方，人们吃面条、米粉、汤圆和煎饼代替。此外，每种食物本身都有丰富的品种。大多数南方人午餐和晚餐都吃米饭、喝汤，而北方人最喜欢的是面食。数不胜数的炒菜，南方人和北方人都很喜欢。在一些地方，人们除了吃米饭、面食和炒菜外，还习惯喝粥。

Chinese differ in their eating habits due to the vast territory of this country. However, generally speaking, northerners are keen on wheaten food, while southerners are partial to cooked rice. Traditional Chinese food includes gruel, wonton, mantou (steamed bread), baozi (steamed twisted roll), youtiao (deep fried twisted dough stick), shaobing (sesame seed cake), eggs and soybean milk; in some other places, people eat noodles, mifen (rice-flour noodles), tangyuan (dumplings made of glutinous rice flour) and jianbing (fried pancake rolled up in egg filling) instead. Moreover, each food in itself is rich in variety. Most southerners eat cooked rice and soup for their lunch and supper, while northerners' favorite is wheaten food. Cooked vegetables, which are liked by both southerners and northerners, are various beyond count. Besides eating cooked rice, wheaten food and cooked vegetables, in some other places, people are used to eating gruel instead.

Wonton

mantou

baozi

youtiao

shaobing

tangyuan

如今，随着人们生活节奏的不断加快，除了传统的中餐外，许多人选择方便快捷的西餐作为早餐，比如面包和牛奶；他们也开始吃西式快餐作为午餐，如麦当劳和肯德基。因为人们喜欢和家人一起吃晚饭，也有更多的时间准备，所以他们喜欢做饭。

Nowadays, as people's pace of life continues to increase, besides the traditional Chinese food, many people choose fast and convenient Western food for breakfast, such as bread and milk; they also begin to eat Westernized fast food for lunch, such as McDonald and KFC. Since people enjoy their supper time with their family members and have more time to prepare, they cook food they like.

随着中国经济的发展，在大多数地方，人们不仅可以品尝到富有地方风味的中国菜，还可以品尝到世界各地的食物，如西方国家、日本、韩国和东南亚。因此，他们的日常饮食更加丰富。

With the development of Chinese economy, in most places, people can not only enjoy Chinese dishes rich in local flavor, but also can taste food throughout the world, such as that in Western countries, Japan, Korea and Southeast Asia. As a result, their daily meals are greater in profusion.

第四课

Mǎi dōng xī
买 东 西 Shopping

From this lesson on, apart from continuing to work on improving your Chinese pronunciation, you will learn to talk about everyday situations using a greater variety of Chinese expressions than before. You will experiment with a larger number of Chinese sentences, and will further explore the culture, customs, and habits of Chinese-speaking peoples.

Bargaining for discounts in China can make shopping quite an experience! Now is a chance to talk more about yourself. You will learn to describe your likes, interests, and hobbies, to express your desire or need and how to make suggestions and comments. You will also learn what to say when you don't understand what another person said.

一、课文 Text

课文一

Scene: *David and Kelsey are talking about where do they go in the dormitory on weekends.*

Dàwèi　Jīntiān méiyǒu kè,　nǐ xiǎng qù nǎr?
大卫:　今天　没有 课, 你 想 去 哪儿?

Kǎixī　Ràng wǒ xiǎng yi xiǎng. Wǒmen yìqǐ qù yóuyǒng, hǎo ma?
凯西:　让 我　想一想。　我们 一起去 游泳, 好吗?

Dàwèi　Bié qù yóuyǒng le. Jīntiān kěnéng xiàyǔ. Qù shāngdiàn ba !
大卫：　别 去 游泳 了。今天 可能 下雨。去　商店 吧！
　　　Wǒ yào mǎi hē kāfēi de bēizi.
　　　我 要 买 喝 咖啡的 杯子。
　　　Nǐ wènwen Ruìqiu. Tā kěnéng yě xiǎng qù shāngdiàn.
　　　你 问问　瑞秋。她 可能 也 想　去 商店。

Kǎixī　Hǎo. Wǒ xiànzài jiù qù tā fángjiān.
凯西：　好。我　现在 就去 她 房间。

　　　……　……
　　　Tā shēntǐ bú tài shūfu, xiǎng zài fángjiān xiūxi xiūxi. Wǒmen zǒu ba!
　　　她 身体 不太 舒服, 想　在 房间　休息休息。我们　走 吧!

English Version

David：　*We don't have classes today. Where do you want to go ?*

Kelsey：　*Let me think about it. Shall we go swimming together ?*

David：　*Don't go swimming. It may rain today. Let's go to the shop.*

　　　　I want to buy a cup for drinking coffee.

　　　　You ask Rachel for a while. She may also want to go to the shop.

Kelsey：　*OK. I'll go to her room right now.*

　　　　……　……

　　　　She is not very well and wants to rest for a while in her room. Let's go.

生词 *New Words*

1	今天	jīntiān　*n.* today.	13	买	mǎi *v.* to buy, to purchase	
2	没	méi *adv.* not	14	咖啡	kāfēi *n.* coffee	
3	有	yǒu *v.* to have, there be	15	杯子	bēizi *n.* cup, glass	
	没有	méiyǒu *adv.* there is not	16	她	tā *pron.* she, her	
4	哪儿	nǎr *pron.* where	17	商店	shāngdiàn *v.* shop, store	
5	课	kè *n.* class, lesson	18	现在	xiànzài *n.* now	
6	去	qù *v.* to go	19	就	jiù *adv.* used to indicate a conclusion or resolution	
7	让	ràng *v.* to let, to allow	20	房间	fángjiān *n.* room	
8	一起	yìqǐ *adv.* together	21	身体	shēntǐ *n.* body	
9	游泳	yóuyǒng *v.* to swim	22	舒服	shūfu *adj.* comfortable	
10	别	bié *adv.* don't	23	在	zài *v.* /*prep.* to be in/on/at; in/on/at	
11	可能	kěnéng *aux.* maybe, perhaps, probably	24	休息	xiūxi *v.* to have or take a rest	
12	下雨	xiàyǔ to rain	25	走	zǒu *v.* to walk	

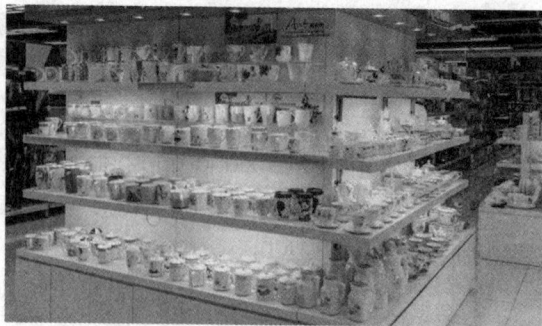

课文二

Scene：David and Kelsey are shopping in the store.

Kǎixī   Zhèr yǒu hěnduō kāfēi bēi.   Nà ge hóngde zěnme yàng？
凯西：   这儿有 很多 咖啡杯。那 个 红的 怎么样 ？

Dàwèi   Wǒ bù xǐhuan zhè ge yánsè.
大卫：   我 不 喜欢 这 个 颜色。

Kǎixī   Zhè xie bēizi,   nǐ xǐhuan nǎ yí gè？
凯西：   这 些 杯子，你 喜欢 哪一个？

Dàwèi   Wǒ zhǎozhao. Wǒ juéde yǒu xiǎomāo tú'àn de hěn piàoliang.
大卫：   我 找找。我 觉得 有 小猫 图案的 很 漂亮。
        nǐ juéde ne？
        你觉得呢？

Kǎixī   Zhēn hǎokàn！Wǒ zuì xǐhuan xiǎomāo.
凯西：   真 好看！我 最 喜欢 小猫。
        Dànshì, zhè ge kāfēi bēi 68 kuài qián, zhēn guì！
        但是，这 个 咖啡杯 68 块 钱，真贵！

Dàwèi   Wǒ wènwen fúwùyuán néng piányi ma.
大卫：   我 问问 服务员 能 便宜吗。

English Version

Kelsey： *There are many coffee cups here. How about that red one ?*

David： *I don't like this color.*

Kelsey： *Which of these cups do you like ?*

David： *I'll look for it. I think the one with a little cat pattern is very beautiful.*
What do you think ?

Kelsey： *Really！I like cats best，but this coffee cup is 68 yuan，really expensive.*

David： *I'll ask for waiter if it is cheaper.*

生词 New Words

1	这儿	zhèr here	12	猫	māo *n.* cat
2	多	duō *adv.* many，much	13	图案	tú'àn *n.* pattern，design
3	那	nà *pron.* that	14	漂亮	piàoliang *adj.* beautiful，pretty
4	红	hóng *adj.* red	15	真	zhēn *adv.* really，indeed
5	怎么样	zěnmeyàng *pron.*（indicating nature， condition or manner）how	16	最	zuì *adv.* most，to the greatest extent
6	喜欢	xǐhuan *v.* to like，to be fond of	17	但是	dànshì *conj.* but，still，yet
7	颜色	yánsè *n.* color	18	块	kuài *m.* A measure word of basic Chinese monetary unit，same as "yuan"
8	些	xiē *m.* some，a few	19	钱	qián *n.* money
9	哪	nǎ *pron.* which	20	贵	guì *adj.* expensive
10	找	zhǎo *v.* to look for	21	能	néng *mod.* can，may
11	觉得	juéde *adv.* to think，to feel	22	便宜	piányi *adj.* cheap，inexpensive

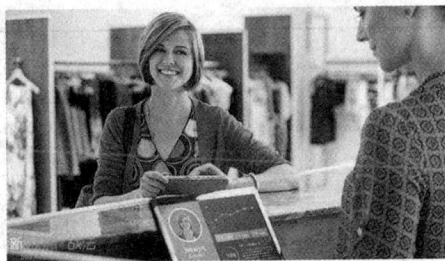

课文三

Scene： *David is asking the waiter for the price of the coffee cup.*

Dàwèi Qǐngwèn, yǒu xiǎomāo tú'àn de kāfēibēi xiànzài dǎzhé ma?

大卫： 请问， 有 小猫 图案的咖啡杯 现在 打折 吗?

	Qǐng shāoděng. Wǒ kànkan.
fúwùyuán	请 稍等，我 看看。
服务员：	Zhè ge bēizi xiànzài dǎ bàn zhé, 34 kuài qián.
	这 个 杯子 现在 打 半 折，34 块 钱。
Dàwèi	Duìbuqǐ, qǐng zài shuō yíbiàn. Zhè ge bēizi duōshao qián？
大卫：	对不起，请 再 说 一遍。这 个 杯子 多少 钱？
fúwùyuán	34 yuán. Zhè ge bēizi shì zuì piányi de.
服务员：	34 元。这 个 杯子 是 最 便宜 的。
Dàwèi	Tài hǎo le！Xièxie nǐ！
大卫：	太好了！谢谢你！

English Version

David： *Excuse me, is the coffee cup with a little cat pattern on sale now？*

Waiter： *Hold on, please. Let me see. This cup is half discount now, 34 yuan.*

David： *Sorry, I beg your pardon. How much is this cup？*

Waiter： *34 yuan. This cup is the cheapest one.*

David： *Great! Thank you.*

生词 *New Words*

1	打折	dǎzhé *v.* to give a discount	5	说	shuō *v.* to speak, to say
2	半	bàn *num.* half	6	遍	biàn *m.* (a measure word for actions)
3	对不起	duìbuqǐ Sorry	7	多少	duōshao *pron.* how many, how much
4	再	zài *adv.* again, once more	8	元	yuán *m.* (the same as "kuai", but it is used in written Chinese)

核心句 KEY SENTENCES

（1）Nǐ xiǎng qù nǎr？

（2）Bié qù yóuyǒng le.

（3）Zhèr yǒu hěnduō kāfēi bēi.

（4）Nà ge hóngde zěnme yàng?

（5）Wǒ bù xǐhuan zhè ge yánsè.

（6）Nǐ xǐhuan nǎ yí gè?

（7）Wǒ zuì xǐhuan xiǎomāo.

（8）Duìbuqǐ, qǐng zài shuō yí biàn.

（9）Zhè ge bēizi duōshao qián?

（10）Wǒmen yìqǐ qù yóuyǒng, hǎoma?

二、练习 Exercises

完成下列对话 *Complete the following dialogue*

1. 表达意愿与必要 Expressing one's desire or need ├─────────────┤

（1）Dàwèi： Jīntiān xiūxi（*to have a rest*）. _____?

　　　Ruìqiū： _____ yùndòng（*sports*）, nǐ ne?

　　　Dàwèi： _____.
　　　　　　 _____ chànggē（*to sing songs*）.

（2）Yǔfēi： Nǐmen wèi shénme（*why*）lái zhōngguó?

　　　Ruìqiū： Wǒ _____ xuéxí hànyǔ.
　　　　　　 Wǒ juéde xué hànyǔ hěn yǒu yìsi（*interesting*）.

　　　Kǎixī： _____ Zhōngguó cài.

　　　Dàwèi： _____ zhǎo（*to find*）Zhōngguó nǚ péngyou.
　　　　　　 _____ zài Zhōngguó dāng（*to be*）yí gè
　　　　　　 hànyǔ lǎoshī.

2. 建议 Making suggestions ├─────────────────────┤

　　A： Tiānqì tài rè le. _____, hǎo ma?

　　B： _____ ba.
　　　 Wǒ yào mǎi hěnduō dōngxi（*things*）.

　　A： Hǎo ba. Wǒmen xiàwǔ qù nǎr?

　　B： _____, _____?
　　　 Wǒ xiǎng kàn "Gōngfu xióngmāo"（*Kung Fu Panda*）.

C： Xiàwǔ wǒmen qù yīyuàn (hospital) kàn Mary， _____？

Míngtiān _____ ba.

3. 谈喜好 likes and dislikes；评论 Making comments ┠─────────────

（1） A： Wǒmen chī shénme？

B： Wǒ xiǎng chī huǒguō (*hot pot*).

Chóngqìng huǒguō _____？

A： Huǒguō tài là (*spicy*) le.

_____ chī là de (*spicy foods*).

B： _____ shénme Zhōngguó cài？

Tángcù lǐjí _____？

A： Wǒ zuì _____ zhè gè cài.

（2） A： Nǐ xǐhuan hē chá ma？

B： _____.

Dànshì, wǒ bàba _____ hē chá.

Tā zuì xǐhuan hē lǜchá.

A： Nǐ xǐhuan hē shénme？

B： Wǒ_____ hē xīguā zhī (*watermelon juice*)，

Wǒ_____ hē kāfēi.

A： Nǐ xǐhuan nǎ zhǒng (*kind*) kāfēi？ hēi kāfēi zěnme yàng？

B： Wǒ_____， hēi kāfēi hěn kǔ (*bitter*).

A： Wǒmen xiànzài qù hē kāfēi ba.

4. 买东西 Shopping ┠─────────────────────────

Shòuhuòyuán： Nǐ xiǎng mǎi shénme？

（*salesperson*）

Dàwèi： _____ shǒujī (*Mobile phone*).

zhè ge shǒujī _____？

Shòuhuòyuán： Zhè ge shǒujī yǒu lánde, hóngde hé hēide.

Qǐngwèn, nǐ _____？

Dàwèi： Wǒ xiǎng kànkan hēide,

Zhè ge shǒujī _____?

Shòuhuòyuán： Zhè ge shǒujī shì zuì piányi de, bù dǎzhé.

Dàwèi： Kǎixī, nǐ juéde zěnme yàng？

Kǎixī： _____ dōu hěn piàoliang, yě _____.

Dàwèi： Ràng wǒ _____. hǎo ba. _____ hēide.

5. 请求重复 Asking someone to repeat something

Fàndiàn lǎobǎn： Mǐfàn hé cài yígòng（in total）82 kuài qián, 80 ba.

Ruìqiū： _____.

duōshao qián？

Fàndiàn lǎobǎn： 80 yuán. Wǒmen fàndiàn de cài _____？

Ruìqiū： _____ hěn hǎochī,

dànshì zhege cài _____.

Wǒ bùnéng chī tài là de cài.

Fàndiàn lǎobǎn： Bù hǎo yìsi. Chóngqìng cài dōu tèbié là.

Dàwèi： Duìbuqǐ. Wǒ méi tīng dǒng. _____.

Fàndiàn lǎobǎn： Chóngqìng cài _____.

Dàwèi： Wǒ xǐhuan _____.

Zhèxiē cài dōu _____.

Fàndiàn lǎobǎn： Huānyíng zài lái.

三、语法 Grammar

1. "有"字句 Sentences with "有（yǒu）"

带动词"有"的句子作谓语的主要成分通常表示占有，其否定式是在"有"之前添加副词"没"。（注：不能使用"不"）其 V-not-V 形式是"有没有"。

The sentences taking the verb "有 yǒu" as the main element of the predicate usually expresses possession. Its negative form is formed by adding the adverb "没 méi" before "有 yǒu".（Note："不 bu" cannot be used here.）Its V-not-V form is "有没有 yǒu méi yǒu".

méi yǒu

（没）有 + O

Subject	Predicate		
	（méi）yǒu （没）有	Object	Particle
Zhèr 这儿	yǒu 有	hěnduō kāfēi bēi. 很多 咖啡杯。	
Yítōng xuéyuàn 移通 学院	yǒu 有	Déguó wàijiào 德国 外教	ma? 吗?
Jīntiān 今天	méiyǒu 没有	kè. 课。	
Wǒ 我	méiyǒu 没有	jiějie. 姐姐 （elder sister）。	
Zhè gè fàndiàn 这个 饭店	yǒu méiyǒu 有 没 有	mù' ěr chǎo ròu ? 木耳炒肉?	
Nǐmen 你们	yǒu méiyǒu 有 没 有	càidān ? 菜单?	

　　如果带"有"句子的主语是表示工作单位、地点或位置的名词，这种带"有"的句子则类似于英语中"There is / are…"的句型。

　　If the subject of a sentence with "有 yǒu" is a noun indicating a work unit, place or location, this kind of sentence with "有 yǒu" is similar to the English sentence pattern of "There is / are…".

2. 介词"在" The Preposition "在（zài）"

　　介词"在"后边加上表示位置的词语，用于介绍动作行为发生的位置。例如：

　　"在 zài" can act as a preposition used before a word of locality to introduce the place where an action or behavior takes place. For example：

Subject	Predicate			
	Optative verb.	zài 在	Word of Locality/Direction	Verb
Tā 她	xiǎng 想	zài 在	fángjiān 房间	xiūxi. 休息。
Wǒmen 我们		zài 在	Yítōng xuéyuàn 移通 学院	xuéxí hànyǔ. 学习汉语。
Kǎixī 凯西	yào 要	zài 在	fàndiàn 饭店	chī fàn. 吃饭。
Wǒmen 我们		zài 在	zhèr 这儿	hē chá. 喝茶。

3. 介词短语 Prepositional phrase

　　当介词"在"与表示位置的词（通常是名词或表示位置的短语）结合在一起时就组成了介词短语。介词短语用在谓语动词之前用来表示动作的位置。

When combined with words expressing location (usually a noun or a phrase indicating place), it forms a prepositional phrase. It is used before the predicative verb to indicate the location of an action.

$$\text{在} + \text{PW} + \text{V} \quad \text{O}$$
zài

Subject	Predicate	
	zài 在 + Pr / N	Verb　Object
Tā 她	zài　fángjiān 在　房间	xiūxi xiūxi. 休息休息。
Wǒmen 我们	zài　Yítōng xuéyuàn 在　移通　学院	xuéxí　hànyǔ. 学习　汉语。
Kǎixī 凯西	bú　zài　fàndiàn 不　在　饭店	chī　fàn. 吃　饭。
Wǒmen 我们	zài zhèr 在 这儿	hē　chá. 喝　茶。
Nǐ 你	zài nǎr 在 哪儿	gōngzuò? 工作（work，job）?

Note：The prepositional phrases "在 zài + Pr / N" must be placed before the verb. One cannot say：

Wǒmen xuéxí hànyǔ zài Yítōng xuéyuàn.

* 　我们　学习　汉语　在　移通学院。

4. 疑问代词"哪儿""哪""怎么样""多少"
Interrogative Pronoun "nǎr" "nǎ" "zěnme yàng" "duōshao"

疑问代词"哪儿"用于疑问句中，询问人或事物的位置。例如：

The interrogative pronoun "哪儿 nǎr" is used to ask about the location of somebody or something. For example：

Nǐ xiǎng qù nǎr ?

（1）你 想　去 哪儿?

Ruìqiū de bēizi zài nǎr ?

（2）瑞秋 的 杯子 在 哪儿?

Xiǎomāo zài nǎr ?

（3）小猫　在 哪儿?

疑问代词"哪"用在疑问句中的结构形式为：哪+量词/名词+名词。例如：

When the interrogative pronoun "哪 nǎ" is used in a question, the structure is "哪 nǎ + measure word/noun + noun". For example：

Zhè xiē bēizi, nǐ xǐhuan nǎ yí gè ?

（1）这 些 杯子，你 喜欢　哪一个?

Ruìqiū shì nǎ guó rén？

（2）瑞秋 是哪国人？

Nǎ wèi lǎoshī shì Zhāng lǎoshī？

（3）哪位 老师 是 张 老师？

疑问代词"怎么样"用来询问某人或某事的状况。例如：

The interrogative pronoun "怎么样 zěnme yàng" is used to ask about the condition of something or someone, for example：

Nà ge hóngde zěnme yàng？

（1）那 个 红的 怎么样？

Nǐ de Hànyǔ zěnme yàng？

（2）你的 汉语 怎么样？

Nǐ bàba māma shēntǐ zěnme yàng？

（3）你 爸爸 妈妈 身体 怎么样？

疑问代词"多少"用于询问十以上的数量，"多少"后边的量词可以省略。"多少"还用于询问价格，常用表达方式是"…… 多少钱？"例如：

The interrogative pronoun "多少 duōshao" is used to ask about numbers larger than 10. The measure word following it can be omitted . "多少 duōshao" can also be used to inquire about prices, usually in the sentence pattern "…… duōshao qián？". For example：

Yìtōng xuéyuàn yǒu duōshao（gè）xuésheng？

（1）移通 学院 有 多少（个）学生？

Nǐ yǒu duōshǎo（gè）Hànyǔ lǎoshì？

（2）你 有 多少（个）汉语 老师？

Zhè ge bēizi duōshao qiǎn？

（3）这 个 杯子 多少 钱？

5. 用疑问代词的问句 Questions with an interrogative pronoun

疑问句中带有疑问代词的语序与陈述句中的语序相同。在这类句子中，疑问代词只是简单地取代了疑问代词所对应的句子的一部分。

The word order in a question with an interrogative pronoun is the same as that in a declarative sentence. In this kind of sentence，a question pronoun simply replaces the part of the sentence to which the interrogative pronoun corresponds.

Statement		Question
Wǒ jiào Nièyǔfēi. 我 叫聂羽菲。	→	Nǐ jiào shénme？ 你 叫什么？
Wǒmen yǒu sān wèi kèrén. 我们 有三 位 客人。	→	Nǐmen yǒu jǐ wèi kèrén？ 你们 有几 位 客人？
Wǒ xiǎng qù shāngdiàn. 我 想 去商店。	→	Nǐ xiǎng qù nǎr？ 你 想 去哪儿？

Statement		Question
Wǒ xǐhuan hóngde bēizi. 我 喜欢 红的 杯子。	→	Nǐ xǐhuan nǎ yí gè bēizi？ 你 喜欢哪 一 个杯子？
Nà gè hóngde zhēn piàoliang. 那 个 红的真 漂亮。	→	Nà gè hóngde zěnme yàng? 那 个 红的怎么样？
Zhè gè bēizi 34 yuán. 这 个 杯子34 元。	→	Zhè gè bēizi duōshao qián？ 这 个 杯子多少 钱？

6. 疑问句 "……，好吗?" The interrogative sentence "……, hǎo ma?"

"……，好吗?" 常用来表示询问别人的意见和看法。这样一个句子的第一部分是一个陈述句，它的最后一部分也可以是"可以吗?"

Questions with "……，好吗?……, hǎo ma?" are often used to give a suggestion or ask for someone's advice. The first part of such a question is a declarative sentence, and its last part can also be "可以吗? kěyǐ ma?". For example：

Wǒmen yìqǐ qù yóuyǒng, hǎoma?

（1）我们 一起去 游泳， 好 吗?

Xiàwǔ nǐ mǎi yí gè dà xīguā, hǎoma?

（2）下午 你 买 一个大 西瓜（*big watermelon*），好 吗?

Xiànzài qù, kěyǐ ma?

（3）现在 去，可以 吗?（*go now, can I?*）

Some examples of affirmative answers are："好啊 hǎo a" "好 hǎo" "太好了 tài hǎo le". Negative answers should be like "不用了 bú yòng le." "对不起，我没有时间。Duìbuqǐ, wǒ méiyǒu shíjiān（*time*）." instead of "不好。bù hǎo."

7. 动词的重叠 Reduplication of Verbs

在汉语中，动词可以重复使用。单音节动词的重叠形式是"AA"或"A 一 A"，双音节动词的重叠形式是"AABB"。动词的重叠形式用来表达短时间、少量、轻微、尝试的意思，语气比较轻松、随便，多用于口语中。其功能与动词后使用"一下"类似。例如：

In Chinese, verbs can be reduplicated. The reduplicative form of a monosyllabic verb is "AA" or "A — A". The reduplicative form of a disyllabic verb is "AABB". The reduplication form of a verb indicates a short time, a small quantity, a slight degree or an attempt, conveying a relaxed and casual mood. It is often used in spoken Chinese. Its function is similar to using "一下 yíxià" after a verb. For example：

单音节动词的重叠形式：Reduplication forms of monosyllabic verbs：

A	AA	A—A
xiǎng 想	xiǎngxiang 想 想	xiǎng yi xiǎng 想 一 想
wèn 问	wènwèn 问 问	wèn yi wèn 问 一 问
zhǎo 找	zhǎozhao 找 找	zhǎo yi zhǎo 找 一 找
kàn 看	kànkan 看看	kàn yi kàn 看 一 看

双音节动词的重叠形式：Reduplication forms of disyllabic verbs：

AB	ABAB
xiūxi 休息	xiūxi xiūxi 休息休息
xuéxí 学习	xuéxí xuéxí 学习学习
zhǔnbèi 准备	zhǔnbèi zhǔnbèi 准备准备
yùndòng 运动	yùndòng yùndòng 运动运动

8. "的"字短语 The "的（de）" phrase

代词、形容词、动词等和"的"组成一个短语，相当于省略了中心语的名词短语。"的"字短语也可由动宾短语加"的"组成，充当定语。动词或动宾短语做定语时，定语和中心语之间要加"的"。例如：

"de" can be used after a pronoun, an adjective or a verb to form a phrase which is equivalent to a nominal phrase with its headword omitted. The "de" phrase can also be composed of verbal phrase with "de", acting as an attributive. When a verb or verbal phrase is used as an attributive modifier, "de" should be put between the modifier and the word modified. For example：

定语 Attribute Pr ／ N ／ A ／ VP	的 de	中心语 Word Modified
wǒ 我	de 的	bēizi （杯子）*mine*
lǎoshī 老师	de 的	bēizi （杯子）*the teacher's*
hóng 红	de 的	bēizi （杯子）*the red one*
zuì piányi 最便宜	de 的	bēizi （杯子）*the cheapest one*

定语 Attribute Pr / N / A / VP	的 de	中心语 Word Modified
hē kāfēi 喝咖啡	de 的	bēizi （杯子）*the one for drinking coffee*
yǒu xiǎomāo tú'àn 有 小猫 图案	de 的	bēizi （杯子）*The one with the cat pattern*

"的"字短语可在句子中做主语或宾语。例如：

The "de" phrase can be used as a subject or an object in a sentence. For example：

Subject	Predicate	
	Verb + Object /	Adjective
Nà ge hóngde 那 个 红的	zěnme yàng？ 怎么样？	
Wǒmen jiā 我们 家	yǒu hē kāfēi de（bēizi）. 有 喝咖啡 的（杯子）。	
yǒu xiǎomāo tú'àn de 有 小猫 图案 的		hěn piàoliang. 很 漂亮。
Zhè ge bēizi 这 个 杯子	shì zuì piányi de. 是 最 便宜 的。	

9. "是"字句（2）The "是（shì）"Sentence（2）

我们已经学过了"是"字句，例如"我是中国人"。它的主语和宾语都是名词或代词。"的"字短语的功能相当于名词，因此"的"字短语也可以作为"是"字句的主语和宾语。

We have already learned the "shì" sentence, for example "我是中国人。wǒ shì Zhōngguó rén." Its subject and object are nouns or pronouns. The function of the "de" phrase is equivalent to that of a noun; thus it can also serve as the subject and the object of a "shì" sentence.

$$S + 是 + N / A / Pr / VP$$

Subject	Predicate		
	Adv.	shì 是	"的 de" Phrase
Zhè ge bēizi 这 个 杯子		shì 是	zuì piányi de. 最 便宜 的。
Zhè ge fángjiān 这 个 房间		shì 是	Ruìqiū de. 瑞秋 的。
Nà bēi（chá） 那 杯（茶）	bú 不	shì 是	wǒ hē de. 我 喝 的。

Subject	Predicate		
	Adv.	shì 是	"的 de" Phrase
Zhōngwén de（shū） 中文 的（书）	bú 不	shì 是	tā mǎi de. 他买 的。

10. 能愿动词 "能" The Modal Verb "能 néng"

能愿动词 "能" 一般用在动词前，与动词整体做谓语，表示一种能力或者可能。"能" 还常用于疑问形式 "能… … 吗？" 中，表示请求、希望获得许可。例如：

The modal verb "能 néng" is usually used before a verb to form the predicate indicating an ability or a possibility. The interrogative sentence structure "néng… … ma?" is often used to indicate a request or hope for permission. For example：

Zhè ge bēizi néng piányi ma？
（1） 这 个 杯子 能 便宜 吗？

Míngtiān xiàwǔ wǒ néng qù yóuyǒng.
（2） 明天 下午 我 能 去 游泳。

Wǒ néng zuò zhèr ma？
（3） 我 能 坐（to sit）这儿 吗？

11. 助动词 "可能" The Auxiliary Verb "可能 kěnéng"

助动词 "可能" 表示估计、也许、或许。常用在动词前，也可用在主语前。例如：

It means "maybe" indicating an estimation. It can be used before the verb or subject of a sentence. For example：

（kěnéng） （可能）	Subject	Predicate	
		kěnéng 可能	Verb + Object
	Tā 他	kěnéng 可能	yě xiǎng qù shāngdiàn. 也 想 去 商店。
	Jīntiān 今天	kěnéng 可能	xiàyǔ. 下雨。
Kěnéng 可能	wǒmen 我们		kàn bu dǒng Déguó càidān. 看 不 懂 德国 菜单。
Kěnéng 可能	nǐ 你		bú rènshi tā. 不 认识 她。

12. 祈使句：不要… …（了）；别… …（了）

The Imperative Sentence "bú yào… …（le）/ bié … …（le）"
表示劝阻或禁止做某件事情。例如：

This sentence structure is used to dissuade or forbid somebody from doing something. For example：

bú yào / bié 不要 ／ 别	V（+O）	le （了）
bié 别	qù yóuyǒng 去 游泳	le. 了。
bié 别	hē kāfēi. 喝 咖啡。	
búyào 不要	shuìjiào. 睡觉（*to sleep*）。	
búyào 不要	zuòfàn 做饭（*cook the meal*）	le. 了。

13. 程度副词 "最" The Adverb of Degree "最 zuì"

表示在同类事物中或某方面占第一位。例如：

It means being the first among things of the same kind or in a certain aspect. For example：

　　Wǒ zuì xǐhuan xiǎomāo.

（1）我 最 喜欢 小猫。

　　Zhè ge bēizi shì zuì piányi de.

（2）这 个 杯子 是 最 便宜 的。

　　Dàwèi de Hànyǔ zuì hǎo.

（3）大卫 的 汉语 最 好。

14. 语气副词 "真" The Modal Adverb "真 zhēn"

"真+形容词" 表示感叹的语气，意思是的确、实在。例如：

The structure "zhēn + adjective" expresses an exclamatory mood, meaning "really, indeed". For example：

　　yǒu xiǎomāo tú' àn de zhēn hǎokàn.

（1）有 小猫 图案 的 真 好看。

　　Zhè ge kāfēi bēi zhēn guì.

（2）这 个 咖啡杯 真 贵。

　　Jīntiān shāngdiàn de rén zhēn duō.

（3）今天 商店 的 人 真 多。

15. 频率副词 "再" The Adverb of Frequency "再 zài"

表示一个动作或一种状态重复或继续，也可用来表示一个动作将要在某一情况下出现。例如：

It indicates the repetition or continuation of an action or a state. It can also indicate that an action will happen under a certain circumstance. For example：

Subject	Predicate	
	zài 在	V（+O）
Tā 他	Qǐng zài 请 再	shuō yíbiàn. 说 一遍。
	xiǎng zài 想 再	kàn yíbiàn. 看 一遍。
Wǒ 我	（míngtiān）zài （明天） 再	qù shāngdiàn ba. 去 商店 吧。
（nǐ） （你）	（ràng wǒ xiǎngxiang）Zài （让 我 想想） 再	gàosù nǐ. 告诉（to tell）你。

16. 钱数的表达 Expression of the Amount of Money

人民币的基本单位是"元"，口语中读作"块"。例如：

The basic unit of Renminbi（Chinese currency）is "yuan", usually replaced by "kuai" in spoken Chinese. For example：

一元（块）
one *yuan/kuai*

五元（块）
five *yuan/kuai*

十元（块）
ten *yuan/kuai*

五十元（块）
fifty *yuan/kuai*

一百元（块）
one hundred *yuan/kuai*

四、文化知识 Cultural Note

中国人的消费观 Consumption of Chinese People

改革开放30多年来，中国人民的生活水平有了很大的提高。尽管如此，大多数中国人对消费仍持相当保守的态度，这种态度源于中国传统文化和价值观。

Since the reform and opening up in the mainland of China more than 30 years ago, Chinese people have experienced a great leap in their living standards. Despite of that, the majority of Chinese people still hold a rather conservative attitude towards consumption, an attitude that has its roots in traditional Chinese culture and values.

为了过上安全和幸福的生活，普通中国人首先希望有自己的房子。因此，买房已经成为年轻人开始工作后的第一件也是最重要的事情。然而，随着大城市人口的不断增长，房价越来越高。大多数人直到攒了一大笔钱才买得起房子。

To live a secure and happy life, ordinary Chinese would like to get a dwelling of their own in the first place. Therefore, buying an apartment has become the first and most important thing for young people after they start to work. However, as the population in big cities keeps increasing, the housing price is getting higher and higher. Most people still cannot afford an apartment until they have saved quite a sum of money.

除了住房之外，教育是中国人，特别是中国父母花一大笔钱的另一方面。计划生育政策使人们更加关心独生子女的教育问题。他们在教育方面毫不吝惜。这也是他们不愿在其他方面多花钱的原因之一。

Other than housing, education is another aspect in which Chinese people, especially Chinese parents, spend a fortune. The family planning policy has made people more concerned with the education of their only child. They spare no expense when it comes to education. This is one of the reasons why they are unwilling to spend more money in other aspects.

一项调查显示，对于大多数中国人来说，透支消费是不可取的。大约30%的中国人偶尔透支，只有5%的人经常透支。习惯透支消费的主要是年轻人，他们受过高等教育，深受西方国家消费文化的影响。他们追求时尚的生活方式和相对较高的生活水平，同时对未来的高收入寄予厚望。因此，年轻人在奢侈品、娱乐和旅游消费中占很大比例。

A survey shows that for most Chinese people, overdraft consumption is not an option. About 30% of Chinese people overdraw now and then, and only 5% overdraw frequently. Those who are used to overdraft consumption are mostly young people, who have received a higher education and been highly influenced by the consumption culture in Western countries. They are after fashionable lifestyles and relatively high living standards and meanwhile have a promising expectation for good income in the future. Therefore, young people account for a large proportion of the consumers of luxuries, entertainment and tourism.

大多数中国人的消费观念比较理性。他们提倡有节制和有计划的消费，少量的盈余会更好。由于中国的节俭传统和有待完善的社会保障制度，中国人倾向于把钱存起来用于未来的住房、教育、医疗和老年生活。

The majority of Chinese people hold a more rational consumption concept. They advocate measured and planned consumption, and a small amount of surplus would be preferable. Due to the tradition of frugality and the to-be-improved social security system in China, Chinese people tend to save their money for future use in housing, education, health care and life in old age.

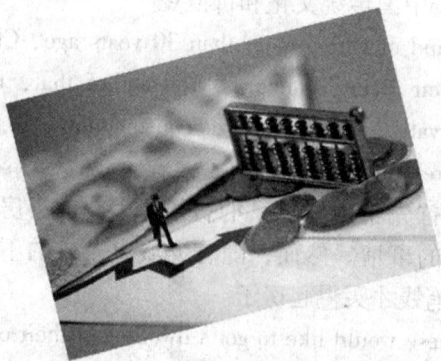

第五课

Zhǎorén
找 人 Looking for somebody

As you follow David and Kelsey through this lesson, you will know how to look for somebody or something. You will also learn how to describe the places that somebody have visited, as well as how to ask others for help. You will even learn how to comment on your past experience.

一、课文 Text

Kǎixī   Dàwèi, Ruìqiū zài nǎ ne? Nǐ zhīdao ma?
凯西：   大卫，瑞秋 在 哪 呢? 你 知道 吗?

Dàwèi   Tā qù jiàoshì xué hànyǔ le.   Kěnéng wǎnshang bā diǎn hòu huì huílai.
大卫   她 去 教室 学 汉语了。可能 晚上 八 点 后 会 回来。

Kǎixī   Tā māma gěi tā dǎ diànhuà le.   Dànshì tā de shǒujī zài jiā lǐ.
凯西：   她 妈妈 给 她 打 电话 了。但是 她的 手机 在 家里。

Tā shuō guò tā ài qù 1203 jiàoshì xuéxí.
她 说过 她 爱去 1203 教室 学习。

Dàwèi   Suīrán wǒ qùguò nàr yí cì, dànshì wǒ bù zhīdao cóng zhèr dào 1203 zěnme zǒu?
大卫：   虽然 我 去 过那儿一次，但是我 不 知道 从 这儿到1203 怎么 走?

Nǐ qùguò méiyǒu?
你 去 过 没有?

Kǎixī   Wǒ méi qùguò nà ge jiàoshì. Wǒ qùguò xuéxiào túshūguǎn hé shítáng jǐ cì.
凯西：   我 没去过那个 教室。我去过 学校 图书馆 和 食堂 几次。

Dàwèi   LǐChéng zhīdao ba? Tā de diànhuà hào shì duōshao? Wǒmen wèn yíxià tā ba.
大卫：   李成 知道 吧? 他的 电话 号 是 多少? 我们 问 一下他 吧。

Kǎixī   LǐChéng shì shéi? Tā yě shì Měiguórén?
凯西：   李成 是 谁? 他 也 是 美国人?

Dàwèi	LǐChéng shì Ruìqiū de Zhōngguó péngyou. Tā shì Zhōngguórén.
大卫:	李成 是 瑞秋 的 中国 朋友。他 是 中国人。
	Wǒmen zuótiān hái kànjiàn tā le .
	我们 昨天 还 看见 他了。
Kǎixī	A ! Wǒ zhǎo yíxià. Tā de diànhuà shì 42871003.
凯西:	啊! 我 找 一下。他的 电话 是 42871003。

Scene：*Kelsey and David are talking about how to find Rachel now*。

English Version

Kelsey： *David，where is Rachel ？ Do you know ？*

David： *She went to the classroom to learn Chinese. Maybe she'll be back after 8 p. m.*

Kelsey： *Her mother called her. But Her cell phone is at home. She said she loved going to Classroom 1203 to study.*

David： *Although I have been there once. I don't know how to get from here to 1203. Have you been there ？*

Kelsey： *I haven't been to that classroom. I have been to school library and canteen several times.*

David： *Does Li Cheng know ？ What's his telephone number ？ Let's ask him.*

Kelsey： *Who is Li Cheng ？ He's American，too ？*

David： *Li Cheng is Rachel's Chinese friend. He is Chinese. We meet him yesterday.*

Kelsey： *Ah！ I'll look for it. His telephone number is 42871003.*

生词 New Words

1	知道	zhīdào *v.* to know	16	回	huí *v.* to come/go back, to return
2	教室	jiàoshì *n.* classroom		回来	huílai *v.* to come back

3	学习 (学)	xuéxí（xué） v. to learn, to study	17	给	gěi prep. to
4	了	le part. used at the end of or in the middle of a sentence to indicate a change or a new circumstance	18	打电话	dǎ diànhuà to make a phone call
			19	手机	shǒujī n. cell phone
5	晚上	wǎnshang n. evening, night	20	家	jiā n. family
6	点	diǎn m. o'clock	21	里	lǐ n. inner, inside, interior
7	后	hòu n. after, afterwards, later	22	过	guò part. indicating a past
8	会	huì mod. can, be able to	23	爱	ài v. to like, to love
9	虽然	suīrán conj. although, though	24	图书馆	túshūguǎn n. library
	虽然… 但是	suīrán… dànshì… Although…（but）…	25	食堂	shítáng n. canteen
10	那儿	nàr pron. there	26	号	hào n. number
11	次	cì m. time	27	谁	shéi pron. who, whom
12	从	cóng prep. from	28	朋友	péngyou n. friend
13	到	dào v. to arrive, to reach	29	昨天	zuótiān n. yesterday
	从… 到…	cóng… dào…… from… to…	30	看见	kànjiàn v. to see
14	怎么	zěnme pron. how（indicating nature, condition or manner. etc.）	31	还	hái adv. passably, fairly, rather
15	学校	xuéxiào n. school			

核心句 KEY SENTENCES

（1）Ruìqiū zài nǎr？

（2）Tā de shǒujī zài jiā lǐ.

（3）Tā de diànhuàhào shì duōshao？

（4）Lǐ Chéng shì shéi？

（5）Nǐ méi qù guò nà ge jiàoshì.

（6）Nǐ qù guò méiyǒu？

（7）Suīrán wǒ qù guò nàr yícì,
　　dànshì wǒ bù zhīdao cóng zhèr dào 1203 zěnme zǒu？

（8）Tā shuōguò tā ài qù 1203 jiàoshì xuéxí.

二、练习 Exercises

完成下列对话 Complete the following dialogue

1. 认指人 Identifying people

（1）A： _____?

B： Nà shì Wánglǎoshī de zhàngfu.

A： _____?

B： Duì. Tāmen dōu shì wǒmen xuéxiào de lǎoshī.

A： Tā yě shì Zhōngguórén ma ?

B： _____, _____ Jiānádà rén.

（2）Kǎixī： _____?

Ruìqiū： Lín Nà shì Dàwèi de Zhōngguó péngyou.

Kǎixī： Wǒ méi kànjiànguò tā. _____?

Ruìqiū： _____, tā hěn piàoliang.

2. 找人或东西 Looking for someone or something

（1）A： Qǐngwèn, Lín Nà zài ma ?

B： _____.

A： Tā zài nǎr ?

B： Duìbuqǐ, _____.

A： Méi guānxi. Zàijiàn !

B： _____.

（2）A： _____?

B： Lǐ lǎoshī qù túshūguǎn (library) kànshū le.

A： Lǐ lǎoshī jǐdiǎn huì huílai ?

B： _____. Nǐ liù diǎn lái ba.

A： _____.

B： _____.

（3）Xuéshēng A： Zhāng lǎoshī de chábēi _____?

Xuéshēng B： Duìbuqǐ, _____.

Xuéshēng A： Nǐ zhīdào _____ ma ?

Xuéshēng C： Wǒ yě bù zhīdao,

kěnéng _____. (jiàoshì)

Xuéshēng A： Qǐngwèn, _____?

Xuéshēng D： Zài nàr. _____. (hóngsè)

Xuéshēng A： Xièxie.

(4) Dàwèi： Wǒ gěi nǐ dǎ diànhuà le. Nǐ méi jiē. (*to receive a call*)

Shì ma?

Ruìqiū： ....

_____? Kǎixī, nǐ kànjiàn le ma?

Kǎixī： Duìbuqǐ, _____.

Kěnéng _____.

Ruìqiū： Xiàkè hòu _____.

Dàwèi： Wǒ méiyǒu kè. Wǒ _____.

Ruìqiū： Xièxie nǐ.

Dàwèi： Bú kèqi.

3. 肯定事情已经发生 Confirming that something has happened

(1) A： Zuótiān nǐ qù nǎr le? Wǒ qù jiā lǐ zhǎo nǐ le, nǐ bú zài.

B： _____. (yīyuàn *hospital*) zhēn duìbuqǐ.

_____.

A： Wǒ méiyǒu gěi nǐ dǎ diànhuà. Nǐ bù zhīdao wǒ yào lái.

Nǐ shēngbìng (*be sick*) le ma?

B： Wǒ méishēngbìng. _____.

(2) A： Nǐ gěi wǒ dǎ diànhuà le ma?

B： Duì a! Nǐ méi jiē (*to receive a phone*). ____ _____?

A： _____.

míngtiān wǒ yǒu Hànyǔ kǎoshì (*examination*).

B： Wǒ hé Dàwèi zuótiān yìqǐ qù shāngdiàn le.

A： _____?

B： Nǐ kàn, wǒmen mǎi yīfu hé yùndòng xié (*sports shoes*) le.

_____?

第五课 找人

A： Dàwèi de yīfu _____.
dànshì nǐ de yùndòng xié _____.

B： Suīrán yùndòng xié (*sports shoes*) bú tài hǎokàn,
dànshì _____.

(3) A： Yīyuè nǐ qù nǎr le ?

B： _____. (Běijīng)

A： Nǐ qù Chángchéng le ma ?

B： _____. Chángchéng tài piàoliang le.

A： _____. Gùgōng (the Palace Museum) yě hěn
hǎokàn. Nǐ _____?

B： Wǒ qù Shànghǎi kàn péngyou le.

A： Nǐ qù Huángpǔ jiāng (Huangpu River) le méiyǒu ?

B： _____. Wǒ péngyou shēngbìng le.
Wǒ zàiyīyuàn zhàogù (take care of) tā le.

4. 谈过去的经历 Talking about a past experience

(1) Ruìqiū： Nǐ lái guò wǒmen xuéxiào ma ?

Dàwèi péngyou： _____. Qùnián wǒ lái zhǎo Dàwèi.

Ruìqiū： _____?

Dàwèi péngyou： Wǒ méi qù guò túshūguǎn (*library*),

Ruìqiū： Wǒmen xiànzài qù shítáng (*canteen*) chīfàn, zài (*then*) qù
túshūguǎn kànkan.

Dàwèi péngyou： _____.
Wǒ juéde nǐmen xuéxiào shítáng de cài hěn hǎochī.

(2) Kǎixī： Qīyuè nǐmen xiǎng qù nǎr lǚyóu (*to travel*) ?

Dàwèi： Wǒ xiǎng qù Xī'ān lǚyóu. _____.
Nǐmen qù guò méiyǒu ?

Ruìqiū： _____.
Xī'ān de Bīngmǎyǒng (*Terra-Cotta Warriors*) zuì hǎokàn.
Nǐmen qù guò HuàShān (*Huashan Mountain*) ma ?

Kǎixī: _____,

dànshì _____.

HuàShān piàoliang ma ?

Ruìqiū: Xī'ān de HuàShān tài piàoliang le.

Suīrán _____,

dànshì wǒ hái xiǎng zài qù yí cì.

Kǎixī: Wǒ hé nǐmen yìqǐ qù ba.

Dàwèi: Tài hǎo le.

(3) Dàwèi: Nǐ qù nǎr le ?

Lín Nà: _____.

(《Gōngfu Xióngmāo》 *Kung Fu Panda*)

Dàwèi: _____. Nǐ dōu bú zài.

Wǒ hái gěi nǐ dǎ guò jǐ cì diànhuà. Nǐ māma lái xuéxiào kàn

nǐ le.

Lín Nà: Wǒ xiànzài jiù huí xuéxiào.

Míngtiān wǒ qǐng (*to invite*) nǐ kàn 《Gōngfu Xióngmāo》.

Dàwèi: _____, hěn hǎokàn.

Wǒ hěn xǐhuan Zhōngguó gōngfu.

Lín Nà: Nǐ kěyǐ (*can*) xué Zhōngguó gōngfu a.

_____?

Dàwèi: _____, wǒ hěn xiǎng xué.

Lín Nà: Wǒ rènshi wǒmen xuéxiào de gōngfu lǎoshī.

Wǒ jièshào (*to introduce*) gěi nǐ.

Dàwèi: Tài xièxie nǐ le.

Lín Nà: Bié kèqi !

(4) Xuéshēng A: "to take taxi" Hànyǔ zěnme shuō?

Xuéshēng B: Wǒmen hái (*still*) _____ "zh, ch,

sh" ne. Wǒ yě bù zhīdao.

Nǐ _____ nǐmen de Hànyǔ lǎoshī

_____?

Xuéshēng A: _____,

kěshì wǒ xiànzài wàng (*forget*) le.

Xuéshēng B: Wǒmen zài wènwen tā ba.

三、语法 Grammar

1. 动词 "在"　The Verb "在 zài"

"在"是动词，后边加上表示位置的词语做句子的谓语，用于指示人或者事物的位置。例如：

"在 zài" is a verb. When it is followed by a word of locality and acts as the predicate of a sentence, it indicates the location of somebody or something. For example:

Subject	Predicate	
	zài 在	Word of Locality / Direction
Ruìqiū 瑞秋	zài 在	nǎr ne ? 哪儿呢？
Tā de shǒujī 她的手机	zài 在	jiā lǐ 家里。
Wǒ péngyou 我朋友	zài 在	xuéxiào. 学校。

2. 疑问助词 "呢"　The Interrogative Particle "呢 ne"

疑问助词 "呢 ne" 用在句末，表示疑问，用于询问人或事物的位置。例如：

Used at the end of a sentence, the interrogative particle "呢 ne" asks about the location of somebody or something. For example:

　　　Ruìqiū zài nǎr ne ?
（1）瑞秋　在 哪儿呢？

　　　Wǒ de bēizi ne ?
（2）我的 杯子 呢？

　　　Tā de xiǎomāo ne ?
（3）他 的 小猫　呢？

　　　Dàwèi péngyou ne ?
（4）大卫 朋友　呢？

3. 助词 "了"（1）：肯定事情的完成或实现
Particle "了 le"（1）：Confirming the completion or realization of sth.

助词 "了" 总是出现在一个句子的结束，表示变化或新情况的出现。它强调某一事情或情况的完成或实现。请比较 A 组和 B 组的句子。

The particle "le" always appears at the of end a sentence to indicate a change or the occurrence of a new situation. It emphatically confirms the completion or realization of some event or situation. Please compare the sentences in groups A and B.

A	B
A₁: Nǐ qù nǎr ? 你去哪儿? Where are you going ?	B₁: Nǐ qù nǎr le? 你去哪儿了? Where have you been ? Or: Where did you go ?
A₂: Wǒ qù shāngdiàn. 我 去 商店。 I am going to the shop.	B₂: Wǒ qù shāngdiàn le. 我 去商店了。 I've been to the shop. Or: I went to the shop.
A₃: Nǐ mǎi shénme ? 你买 什么? What are you going to buy ?	B₃: Nǐ mǎi shénme le? 你买 什么了? What have you bought ? Or: What did you buy ?
A₄: Wǒ mǎi yīfu. 我 买 衣服。 I am going to buy some clothes.	B₄: Wǒ mǎi yīfu le. 我 买 衣服 了。 I've bought some clothes. Or: I bought some clothes.

在 A 组，"去商店 qù shāngdiàn" 和 "买衣服 mǎi yīfu" 是过去未完成的动作。然而，B 组中，这两个动作肯定已经完成或实现。

In group A , "去商店 qù shāngdiàn" and "买衣服 mǎi yīfu" are not completed actions in the past. In group B, however, these two actions are definitely completed or realized.

在肯定句句末加 "…… 了没有" 可形成 V/A-not-V/A 正反疑问句，在肯定句子的动词前加 "…… 没 méi……" 则为否定形式。

To form a V/A-not-V/A question, add "…… 了没有 le méiyǒu" to the end of an affirmative sentence or juxtapose the affirmative form of a verb with its negative form "…… 没 méi……".

le
V + O + 了

Subject	Predicate		
	Adverb.	Verb. + Object	Particle.
Tā māma 她妈妈	gěi tā 给 她	dǎ diànhuà 打电话	le. 了。
Tā 她		qù jiàoshì xuéxí Hànyǔ 去 教室 学习 汉语	le. 了。
Dàwèi péngyou 大卫 朋友		huí Yīngguó 回 英国	le méiyou? 了没有?
Tā 他	méiyou 没有	huíqù. 回去。	

Subject	Predicate		
	Adverb.	Verb. + Object	Particle.
Nǐ 你	zuótiān 昨天	qù Shànghǎi 去　上海	le ma？ 了吗？

Note：

助词"了"总是表示过去发生过的动作或事件。但是，"了"不总是表示过去的事件。要叙述过去的事件（特别是连续发生的几个事件）或描述特定时刻的场景而不确定动作的实现，"了"可以省略。例如：

The particle "了 le" always indicates that actions or events have taken place in the past. However，"了 le" is not always required to indicate past events. To narrate a past event (especially several events taking place consecutively) or describe a scene at specific moment without confirming the realization of the action，"了 le" can be left out. For example：

Xīngqīliù wǒ shàngwǔ qù shāngdiàn ， xiàwǔ qù xuéxiào kànshū.

星期六　我　上午　去　商店，　下午　去　学校　看书。

4. 连动句：表示目的
Sentences with serial verb phrases：to indicate purpose

动词谓语句中主语可以是两个连续动词或动词短语。这些动词短语的顺序是固定的。本课介绍的连动句谓语部分由两个或者两个以上动词构成，后一个动作可以表示前一个动作的目的。第一个动词"去"后表示地点的宾语有时可以省略。

In a sentence with a verbal predicate，the subject may take two consecutive verbs or verb phrases. The order of these verb phrases is fixed. In the sentences with serial verb phrases introduced in this lesson consists of two or more verbs. The latter verb can be purpose of the former. The object of the first verb "去 qù"，i. e. the place，can sometimes be omitted. For example：

$$S ＋ V_1O ＋ V_2 O$$

Subject	Predicate		
	Time Word /Adverb.	Verb₁（Object）	Verb₂ Object
Tā 她		qù jiàoshì 去（教室）	xuéxí Hànyǔ. 学习 汉语。
Kǎixī 凯西	ài 爱	qù　jiàoshì 去（1203 教室）	xuéxí. 学习。
Wǒmen 我们	xiànzài 现在	qù shāngdiàn 去（商店）	mǎi dōngxi. 买　东西。
Wǒ péngyou 我　朋友	bù xiǎng 不　想	huí Měiguó 回　美国	gōngzuò? 工作（work, job）?

Subject	Predicate		
	Time Word /Adverb.	Verb₁（Object）	Verb₂ Object
Nǐ 你	wǎnshang 晚上	huí jiā 回家	chī fàn. 吃 饭。

5. 疑问代词"谁""怎么（1）"
Interrogative Pronoun "shéi" "zěnme"

疑问代词"谁"在疑问句中用来询问人。例如：

The interrogative pronoun "谁 shéi" is used to ask about the name or identity of a person. For example：

Subject	Verb	Object
Lǐ Chéng 李成	shì 是	shéi? 谁?
Tā 他	shì 是	shéi? 谁?
shéi 谁	shì 是	Dàwèi péngyou? 大卫 朋友?

疑问代词"怎么"用在动词前，询问动作的方式。例如：

The interrogative pronoun "怎么 zěnme" is used before a verb or ask about the manner of an action. For example：

Zhè ge Hànzì zěnme dú ?
（1）这 个 汉字 怎么 读?

Nǐ de Hànyǔ míngzi zěnme xiě ?
（2）你的 汉语 名字 怎么 写?

Nà ge zì zěnme xiě ?
（3）那 个 字 怎么 写?

Zhè ge cí zěnme shuō ?
（4）这 个 词（word）怎么 说?

6. 一下 The Numernal Classifier "一下 yíxià"

"一下"用在动词后面，表示短暂的动作，相当于动词的重叠式 AA（见第 4 课），宾语可以省略。例如：

"一下 yíxià" is used after a verb to indicate a short action, similar to the reduplicative form（AA）of a verb（see Lesson 4）. The object of the verb can be omitted. For example：

Subject	Model verb + Verb	yíxià	Object
Wǒmen 我们	wèn 问	yíxià 一下	tā ba. 他 吧。
Wǒ 我	zhǎo 找	yíxià. 一下。	
Nǐmen 你们	kàn 看	yíxià 一下	zhè běn shū. 这 本 书。
Wǒ 我	xiǎng xiūxi 想 休息	yíxià. 一下。	

7. 语气副词 "还" The Modal Adverb "hái"

表示动作或状态的延续，否定式用"还没"。例如：

It indicates the continuation of an action or a state. Its negative form is "hái méi". For example：

Wǒmen zuótiān hái kànjiàn tā le.

（1）我们 昨天 还 看见 他 了。

Wǎnshang shí diǎn le, tā hái méi xiūxi.

（2）晚上 十点 了，他 还没 休息。

Nǐ zěnme hái méi chī fàn ?

（3）你 怎么 还 没 吃饭?

Tā hái zài jiàoshì kàn shū.

（4）他 还 在 教室 看书。

"还 + 形容词"表示勉强过得去。例如：

The structure "还 hái + Adj." means that something is passable or acceptable.
For example：

Nǐ shēntǐ zěnme yàng ?

（1）A：你 身体 怎么样?

Hái hǎo.

B：还 好。

Zhè ge bēizi hǎokàn ma ?

（2）A：这 个 杯子 好看 吗?

Hái xíng, bú tài hǎokàn.

B：还 行（OK），不 太 好看。

Zuótiān de kǎoshì zěnme yàng ?

（3）A：昨天 的考试（examination）怎么样?

Dú hé xiě hái kěyǐ.

B：读 和 写还 可以（just so-so）。

Zhōngguó cài zěnme yàng ?

（4）A： 中国 菜 怎么样?

Zhè ge cài hái búcuò.

B：这 个 菜　还　不错（not bad）。

8. 介词"从" The Preposition "cóng"

介词"从"引出一段时间、一段路程、一件事情的经过或者一个序列的起点，后面常跟"到"一起搭配使用。例如：

The Preposition "cóng" introduces the starting point of a period of time, a distance, a process or a sequence, often used together with "dào". For example：

cóng 从	A	dào 到	B	……
cóng 从	zhèr 这儿	dào 到	1203	zěnme zǒu 怎么　走？
cóng 从	jiā 家	dào 到	jiàoshì 教室	yǒu yí gè shāngdiàn. 有　一个　商店。
cóng 从	lǎorén 老人 （senior people）	dào 到	háizi 孩子 （children）	dōu xǐhuan chī píngguǒ. 都　喜欢　吃 苹果。
cóng 从	xià xīngqī 下星期 （next week）			kāishǐ shàngkè. 开始 上课（start class）。

9. 动态助词"过"：过去的经验或经历

The Aspect Particle "过 guò"：Past experience

动词后加上动态助词"过"，表示动作发生在过去。一般用来表示过去有过的经历，这些动作行为没有持续到现在。

A verb followed by the aspect particle "guò" denotes that an action took place in the past. It usually indicates a past experience action which hasn't lasted to the present.

在动词前边加"没（有）"表示否定。否定形式为"没（有）… 过…"。在句末加"吗"或"没有"表示疑问。正反疑问句形式为"… 过… 没有？"例如：

In the negative form, "méi（yǒu）" is added before the verb, the negative form of "guò" is "méi（yǒu）… guò…". In the interrogative form, "ma" or "méiyǒu" is added at the end of the sentence. The V/A-not-V/A question with "guò" is "… guò… měiyǒu ?". For example：

guò　　　　　méiyǒu
V + 过 （ + O + 没 有 ）

Subject	Predicate			
	Adv.	V. + guò	Object	mei you
Tā 她		shuō guò 说 过	tā ài qù 1203 jiàoshì xuéxí 她 爱去 1203　教室 学习。	

Subject	Predicate			
	Adv.	V. + guò	Object	mei you
Wǒ 我	méi 没	qù guò 去 过	nà ge jiàoshì 那 个 教室。	
Nǐ 你		qù guò 去 过		méiyǒu? 没有？
Wǒmen 我们	zài Měiguó 在 美国	kàn guò 看 过	zhè ge diànyǐng. 这 个 电影。	
Ruìqiū 瑞秋	méiyǒu 没有	xué guò 学 过	Fǎyǔ. 法语（France）。	
Tāmen 他们		lái guò 来 过	wǒ jiā. 我 家。	

Note：

"过"通常放在连动句的第二个动词之后表示自己的经历。例如：

"guò" is usually placed after the second verb in a sentence with serial verb phrases to indicate one's experience. For example：

Wǒmen qù shāngdiàn mǎi guò dōngxi.

（1）我们 去 商店 买 过 东西。

Nǐ wǎnshang huí jiā chī guò fàn le?

（2）你 晚上 回家 吃过 饭了？

10. 动量补语 The Complement of Frequency

在第四课，我们学了"遍"是动量词。动量词"次"或"遍"经常与数字结合，放在动词后作动量补语，用以表示动作的频率。"遍"除了表示次数之外，还表示一个动作从开始到结束的整个过程。例如：

In Lesson 4, we learned that "biàn" was a measure word for actions. The action-measure word "cì" or "biàn" is often combined with a numeral and placed after a verb as the complement of frequency to express the frequency of an action. In addition to signifying the number of times, "biàn" also denotes the whole process of an action from the beginning to the end. For example：

Wǒ qù guò xuéxiào túshūguǎn hé shítáng jǐ cì.

（1）我 去 过 学校 图书馆 和 食堂 几次。

Zhè ge diànyǐng wǒ kàn le liǎng biàn.

（2）这 个 电影（film）我 看了 两 遍。

当动词的宾语是名词时，动量补语通常放在宾语前面，也可以放在宾语后。当宾语是代词时，动量补语通常在宾语之后。

When the object of the verb is a noun, the complement of frequency is usually placed before or after the object. When the object is a pronoun, the complement often comes after the object.

除了表示动作的频率外，动量补语"一下"也用来表示一个短暂或随意的动作。例如，"问一下，等一下，休息一下"（请参阅本课注释6）。

Besides indicating the frequency of an action, the complement of frequency "yíxià" is also used to indicate a short or casual action. For example, "wèn yíxià, děng yíxià, xiūxi yíxià" (please refer to Note 6 in this lesson).

Subject	Predicate				
	Adv.	V. + guò	O (Pr)	Nu+action-measure word	O (N/NP)
Wǒ 我		qù guò 去 过	nàr 那儿	yí cì. 一次。	
Lǎoshī 老师	xiàwǔ 下午	shuō guò 说 过		yí biàn. 一 遍。	
Línnà 林娜		lái guò 来 过		liǎng cì 两 次	Shànghǎi. 上海。
Wǒmen 我们	yǐqián 以前	kàn guò 看 过		hěnduō biàn 很多 遍	zhè ge diànyǐng. 这 个 电影。
Ruìqiū 瑞秋		zhǎo guò 找 过	tāmen 他们	sān cì. 三 次。	
Tāmen 他们	dōu 都	xiě guò 写 过		wǔ-liù biàn 五六 遍	zhè xiē hànzì. 这 些 汉字。

11. 关联词"虽然……，但是……"

The Pair of Conjunctions "虽然（suīrán）……，但是（dànshì）……"

关联词"虽然……，但是……"连接两个分句，构成一种转折关系，意思是"although"，用来连接两个矛盾的陈述。"虽然"可以放在第一句的主语之前或之后，而"但是"总是放在第二句的开头。例如：

The conjunctions "suīrán……，dànshì……" connect two clauses, forming a complex sentence indicating an adversative relation, means "although". It is used to link two contradictory statements. "suīrán" may go either before or after the subject of the first clause, while "dànshì" is always placed at the beginning of the second clause. For example：

Suīrán wǒ qù guò nàr yí cì, dànshì wǒ bù zhīdao cóng zhèr dào 1203 zěnme zǒu？

（1）虽然 我 去 过那儿一次，但是我 不 知道 从 这儿到1203 怎么 走?

Suīrán wàimian　hěn léng,　　dànshì fángjiān lǐ hěn rè.

（2）虽然　外面（*outside*）很 冷（*cold*），但是　房间　里 很 热（*hot*）。

Suīrán Hànyǔ hěn nán,　　dànshì wǒ hěn xǐhuan xué.

（3）虽然　汉语　很　难（*hard*），但是 我　很　喜欢　学。

Wǒ suīrán xǐhuan yóuyǒng, dànshì bú huì yóuyǒng.

（4）我　虽然　喜欢　游泳，　但是　不　会　游泳。

"虽然"也可以省略。例如：

"suīrán" can also be omitted. For example：

Jīntiān（suīrán）shì qíngtiān,　　dànshì hěn lěng.

今天（虽然）是 晴天（*sunny*），但是 很　冷。

12. 能愿动词"会"The Modal Verb"会 huì"

能愿动词"会"在句中表示所说的情况有可能实现。例如：

The modal verb "会 huì" indicates the possibility of the situation mentioned.

For example：

Kǎixī bādiǎn hòu huì huílái ma？　　　　　Huì.

（1）A：凯西　八点　后　会 回来 吗?　　　B：会。

Míngtiān tā huì lái ma？　　　　　　　　Tā huì lái.

（2）A：明天　她 会 来 吗?　　　　　　B：她 会 来。

Jīntiān huì xiàyǔ ma？　　　　　　　　　Jīntiān bú huì xiàyǔ.

（3）A：今天　会 下雨 吗?　　　　　B：　今天　不 会 下雨。

能愿动词"会"还可用在动词前表示通过学习而获得某种能力，它的否定式是"不会"。例如：

The modal verb "会 huì" is also used before a verb, indicating acquiring an ability through learning. Its negative form is "不会 bú huì". For example：

Subject	（bú / dōu）huì （不 / 都）会	Verb
Dàwèi hé Ruìqiū 大卫 和 瑞秋	dōu huì 都会	yóuyǒng. 游泳。
Wǒ 我	bú huì 不会	yóuyǒng. 游泳。
Nǐ māma 你 妈妈	huì 会	shuō Hànyǔ ma? 说 汉语 吗?
Wǒ péngyou 我 朋友	bú huì 不会	xiě Hànzì. 写 汉字。 （*write Chinese character*）

在第四课，我们学了能愿动词"可能"。"可能"表示可能性。除了表达能力外，"会"也用来表达可能性。例如：

In Lesson 4, we've learned the optative verb "keneng". "keneng" expresses possibility. Besides expressing ability, "hui" is also used to express possibility. For example：

Jīntiān wǎnshàng tā kěnéng qù Shànghǎi.

（1）今天　晚上　他　可能　去　上海。

Xiànzài bā diǎn, wǒ péngyou bù kěnéng shuìjiào.

（2）现在　八点，我　朋友　不可能　睡觉（*to sleep*）。

Míngtiān Ruìqiū huì bú huì lái shàngkè?

（3）明天　瑞秋　会不会来　上课（*attend class*）?

Tā shēngbìng le, míngtiān bú huì lái yóuyǒng.

（4）他　生病（*sick*）了，明天　不会来　游泳。

13. 号码的表达 Expression of Numbers

号码的读法与一般数字的读法有所不同。号码要一位一位地读。电话号码、手机号码、房间号码中的数字"1"要读成"yāo"。例如：

Numbers are read in a different way than general numbers. They are read digit by digit. The number "1" in a telephone number, phone number, room are read "yāo". For example：

（1）4287-1009　　sì èr bā qī yāo líng líng jiǔ

（2）138-5189-7623　yāo sān bā wǔ yāo bā jiǔ qī liù èr sān

（3）Room 301　　　sān líng yāo fángjiān

四、文化知识 Cultural Note

中国教育制度 The Educational System of China

中国的教育体系包括中小学教育、中等职业教育和高等教育。

中国孩子通常在六七岁开始上学。他们在小学度过了六年后进入初中学习三年多。这九年的教育一般被称为"九年义务教育"，并在中国大部分地区普及。

The educational system of China consists of primary and secondary education, secondary and higher vocational education and higher education.

Chinese children usually start their schooling at the age of six or seven. They spend six years in an elementary school. After that, they enter a junior middle school to study for three more years. These nine years of schooling are generally referred to as "nine-year compulsory education", and are popularized in most parts of China.

初中毕业后，许多学生进入高中，而有些人选择去专科中学或职业中学（一般称为"职业高中"）。两种学校的学习时间都是三年。毕业后，学生可以在高等教育水平上就业或继续学业。

After graduating from a junior middle school, many students enter a senior middle school, whereas some choose to go to a specialized secondary school or a vocational secondary school (generally called "vocational senior middle school"). the period of study for both types of school is three years. After graduating, students may seek employment or continue their studies at the higher education level.

在高等教育中，大学教育的学习时间通常是四年，但是有些课程（例如医学）需要五年的学习时间。学生毕业时，符合全部学业要求的，由国务院授权的大学授予学士学位。大学毕业后，一个人可能会选择继续攻读硕士和博士学位。每个学位通常需要三年才能获得。有些硕士课程为两年，有些博士课程为四年。和世界上大多数大学一样，中国大学提供三个学位，即包括学士学位，硕士学位和博士学位。

In higher education, the study period for a university education is usually four years, but some programmes (medicine, for instance) require five years of study. At the time of graduation, if a student meets all the academic requirements, a bachelor's degree is then conferred upon him or her by the university authorized by the State Council. After graduating from a university, one may opt for further studies toward master's and doctoral degrees. Each degree usually takes three years to obtain. Some master's programmes are two years in length, while the study period for some PhD's programmes take four years. Like most universities in the world, Chinese universities offer three academic degrees, i. e., the bachelor's, the master's, and the doctorate.

第六课

Wèn lù
问 路 Asking for directions

David and Kelsey want to find classroom 1203 in this lesson. They will show us how to make phone calls, ask for help. Besides, you will also learn the days, weeks, months, and years in Chinese, and how to ask the age and the time.

Li Cheng, Rachel's Chinese friend, was taking her to classroom 1203. In this lesson, we will learn how to emphasize the time and location of a past event and the manner in which it has occurred, as well as how to talk about direction

一、课文 Text

课文一

Scene：Kelsey is calling to Rachel's friend, Li Cheng.

Kǎixī	Wèi, shì Lǐ Chéng ba?　Wǒ shì Ruìqiū de tóngxué, Kǎixī.
凯西：	喂，是李成吧? 我是瑞秋 的 同学，凯西。
	Wǒ hé Dàwèi dōu zài zhǎo tā ne.
	我 和 大卫 都 在 找 她 呢。
	Nǐ kěyǐ gàosù wǒmen xuéxiào 1203 jiàoshì zài nǎr ma?
	你可以告诉 我们　学校 1203 教室 在 哪儿吗?

Lǐ Chéng　　Méi wèntí.　　Ruìqiū zài nàr xuéxí ne.
李成：　　没 问题。瑞秋在那儿学习呢。

　　　　　　1203 lí túshūguǎn bú tài yuǎn, dào túshūguǎn hòu xiàng yòubian zǒu.
　　　　　　1203 离图书馆 不 太 远，　到 图书馆　后　向　右边 走。

　　　　　　1203 jiàoshì nà ge lóu pángbian yǒu gè xiǎo shāngdiàn.
　　　　　　1203 教室 那个楼　旁边　有 个 小　商店。

　　　　　　Shāngdiàn wài yǒu bù shǎo zìxíngchē.
　　　　　　商店　外 有 不 少 自行车。

Kǎixī　　　Xièxie nǐ de bāngzhù.
凯西：　　　谢谢 你的 帮助。

English Version

　　　Kelsey：　Hello. Is Li Cheng there? I'm Rachel's classmate, Kelsey.

　　　　　　　　David and I are both finding her.

　　　　　　　　Can you tell us where is school classroom 1203?

　　　Li Cheng：　No problem. Rachel was learning there.

　　　　　　　　1203 is not too far from library.

　　　　　　　　After arriving library turn right.

　　　　　　　　There is a little shop beside the building of classroom 1203.

　　　　　　　　There are many bicycles outside the shop.

　　　Kelsey：　Thank you for your help.

生词 New Words

1	喂	wèi int. Hello, hey	10	右边	yòubian n. right, right side
2	同学	tóngxué n. classmate		左边	zuǒbian n. left, left side
3	都	dōu adv. both, all	11	楼	lóu n. building
4	可以	kěyǐ mod. may	12	旁边	pángbian n. beside
5	告诉	gàosù v. tell	13	外	wài n. outer, outside
6	问题	wèntí n. question, problem	14	少	shǎo adj. little, few
	没问题	méi wèntí no problem		不少	bù shǎo adj. quite a few, many
7	离	lí v. to be away from	15	自行车	zìxíngchē n. bike
8	远	yuǎn adj. far, distant	16	帮助	bāngzhù v. to help, to assist, to aid
9	向	xiàng prep. towards			

Dàwèi　　Ruìqiū, Nǐ zhēn zài zhèr! Jīntiān xīngqī rì, nǐ wèishénme hái lái xuéxí?
大卫：　瑞秋，你 真 在这儿! 今天 星期日，你 为什么 还来学习?

Ruìqiū　Yīnwèi wǒ zhèngzài zhǔnbèi xià gè yuè de HSK kǎoshì ne,
瑞秋：　因为　我　正在　准备　下个月 的 HSK 考试 呢,
　　　　Suǒyǐ wǒ 7 diǎn 30 fēn jiù qǐchuáng xuéxí le.
　　　　所以 我 7 点 30 分 就　起床　学习了。
Dàwèi　Zhè ge jiàoshì lí wǒmen sùshè bú jìn,　nǐ shì zěnme lái de ?
大卫：　这 个 教室 离我们 宿舍 不近, 你是 怎么 来的?
Ruìqiū　Wǒ shì zuò Lǐ Chéng de zìxíngchē lái de.　Nǐ shì zěnme zhǎo dào wǒ
瑞秋：　de ?
　　　　我 是 坐　李成 的 自行车 来的。你 是 怎么　找 到 我的?
Dàwèi　Wǒmen wèn le Lǐ Chéng. Tā bāng wǒmen zhǎo dào le nǐ .
大卫：　我们　问了李成。他 帮　我们　找 到 了你。
Kǎixī　Nǐ māma gěi nǐ dǎ le hěnduō cì diànhuà, nǐ kuài kànkan ba.
凯西：　你妈妈 给你 打了 很多次 电话, 你 快 看看 吧。
Ruìqiū　A!　Jīntiān jǐ yuè jǐ hào ?.
瑞秋：　啊! 今天 几月 几号?
Kǎixī　12 yuè 12 rì, yǒu shénme shìqing ma ?
凯西：　12 月 12 日, 有　什么　事情 吗?
Ruìqiū　Míngtiān shì wǒ mèimei de shēngrì, wǒ wàng le tā de shēngrì.
瑞秋：　明天　是 我 妹妹 的 生日, 我 忘 了 她的 生日。
Kǎixī　Nǐ mèimèi duō dà le ?
凯西：　你 妹妹 多大 了?
Ruìqiū　Tā jīnnián yǐjīng 5 suì le, fēicháng kě' ài.
瑞秋：　她 今年 已经 5 岁了, 非常 可爱。

课文二

Scene：Kelsey, David and Rachel are in classroom 1203.

David：　Rachel, you are really here. Today is Sunday. Why do you still come to study ?
Rachel：　Because I'm preparing for next month's HSK examination.
　　　　So I just get up to study as half past 7 o' clock.
David：　This classroom is not close from our dormitory. How to get here ?

Rachel： *I came here by Li Cheng's bike. How do you find me here ?*

David： *We asked Li Cheng. He helped us to find you.*

Kelsey： *Your mother gave you many calls. Check it out quickly.*

Rachel： *Oh. What's the date today ?*

Kelsey： *12th of December. What's up ?*

Rachel： *Tomorrow will be my younger sister's birthday. I forgot her birthday.*

Kelsey： *How old is your younger sister ?*

Rachel： *She is already 5 years age this year , very lovely.*

生词 New Words

1	星期	xīngqī *n.* week	13	下	xià *n.* under, below
	星期日	Xīngqī rì *n.* Sunday	14	月	yuè *n.* month
2	为什么	wèishénme why	15	考试	kǎoshì *n.* test, exam
3	因为	yīnwèi *conj.* because, since	16	分	fēn *n.* minute
4	所以	suǒyǐ *conj.* so, therefore	17	起床	qǐchuáng *v.* to get up, to get out of bed
5	正在	zhèngzài *adv.* in the process of	18	近	jìn *adj.* near, close
6	准备	zhǔnbèi *v.* to intend, to plan	19	坐	zuò *v.* to sit, to be seated
7	快	kuài *adv.* quickly *adj.* quick, fast	20	忘	wàng *v.* to forget
8	日	rì *n.* day, date	21	年	nián *n.* year
9	事情	shìqing *n.* thing, matter, affair		今年	jīnnián *n.* this year
10	明天	míngtiān *n.* tomorrow	22	已经	yǐjīng *adv.* already
11	妹妹	mèimei *n.* younger sister	23	岁	suì *m.* year (of age)
	姐姐	jiějie *n.* elder sister	24	非常	fēicháng *adv.* very, extremely
12	生日	shēngrì *n.* birthday	25	可爱	kě'ài *adj.* lovely, adorable

核心句 KEY SENTENCES

（1） Jīntiān jǐ yuè jǐ hào?

（2） Nǐ mèimei duō dà le ?

（3） Wǒmen wèn le Lǐ Chéng.

（4） Tā bāng wǒmen zhǎo dào le nǐ.

（5） Nǐ shì zěnme lái de ?

（6） 1203 lí túshūguǎn bú tài yuǎn.

（7） Wǒ shì zuò Lǐ Chéng de zìxíngchē lái de.

（8） Wǒ hé Dàwèi dōu zài zhǎo tā ne.

（9） Shāngdiàn wài yǒu bù shǎo zìxíngchē.

（10）Nǐ māma gěi nǐ dǎ le hěnduō cì diànhuà.

二、练习 Exercises

完成下列对话 Complete the following dialogue

1. 打电话 Making a phone call ├────────────────────────┤

（1）A：Wèi, nǎ wèi ?

　　 B：_____.

　　 A：Shì nǐ a. _____?

　　 B：Wǒmen xiàwǔ yìqǐ qù yóuyǒng ba.

（2）Dàwèi：Wèi, nǐ hǎo. Qǐngwèn shì Lǐ Chéng ma ?

　　 LǐChéng：Shì a.

　　 Dàwèi：_____ Ruìqiū de péngyou, Dàwèi.

　　　　　　 Wǒ zhǎo Ruìqiū. Tā _____?

　　 LǐChéng：Zài, qǐng děng yíxià.

　　 Ruìqiū：Wèi, _____. _____?

　　 Dàwèi：_____?

　　 Ruìqiū：Kǎixī de diànhuà hào shì 82305647.

　　 Dàwèi：Xièxie.

2. 表示能力 Expressing one's ability ├────────────────────┤

（1）A：_____?

　　 B：Wǒ huì yì diǎnr. Wǒ huì shuō Hànyǔ.

　　 A：Nǐnéng jiāo（to teach）wǒ ma ?

　　 B：_____. Wǒmen yìqǐ xué.

（2）A：Zhè ge Hànzì zěnme dú（to read）?

　　 B：Duìbuqǐ, _____.

　　 A：Xiànzài néng qù wèn Lǐ lǎoshī ma ?

　　 B：_____. Lǐ lǎoshī huí jiā le.

3. 表示允许或禁止 Expressing permission or prohibition

（1）A：Wǒ kěyǐ jìn nǐ de sùshè ma ?

      B：_____, qǐng děng yíxià.

（2）A：Zhèr kěyǐ xīyān（to smoke）ma ?

      B：_____. Nǐ qù wàimian xīyān ba.

（3）A：Lǎoshī, wǒ yǒu wèntí. _____?

      B：_____.

          Míngtiān xiàwǔ wǒ yǒu shíjiān（time）. Nǐ sìdiǎn lái, hǎo ma ?

      A：Hǎo, xièxie lǎoshī.

4. 问路 Asking for directions

（1）A：Qǐngwèn, xīn shāngdiàn _____?

      B：Duì buqǐ, wǒ yě bù zhīdao.

          *   *   *   *

      A：_____?

      C：yǒu, zài qiánbiān. Lí zhèr _____.

          Xiàng qiánbiān zǒu, dào xuéxiào zài xiàng yòubiān zǒu jiù dào le.

      A：Xièxie nín !

      B：Bú kèqi.

（2）A：_____? （lí）

      B：Dà rùnfā（RT-mark）bú tài yuǎn,

          cóng _____ dào _____,

          zǒu 10 fēnzhōng（minute）jiù dào le.

      A：Nà shǒujī diàn zài nǎr ?

      B：Dà rùnfā pángbiān _____.

          Dào Dà rùnfā hòu, _____.

      A：_____ ma ?

      B：Yǒu. Gōngyuán（park）zài Dà rùnfā hòumian.

      A：Hǎo de. Wǒ qù Dà rùnfā mǎi le dōngxi, zài qù gōngyuán.

          _____? Wǒ kěyǐ bāng nǐ mǎi.

B：Bāng wǒ _____.

5. 问原因 Asking for reasons ├────────────────────────

（1）A： _____?

B：Yīnwèi wǒ lái kàn wǒ de hǎo péngyou, LǐChéng.

A：Nǐ wèishénme xiǎng xuéxí Hànyǔ?

B： _____. Nǐ ne?

A：Wǒ lái Zhōngguó, yīnwèi _____.

（2）Lǐ Chéng： Nǐ zěnme xīngqī liù hái lái jiàoshì xuéxí?

Ruìqiū： _____.

Lǐ Chéng： HSK kǎoshì nán（hard）ma?

Ruìqiū： Wǒ juéde bú tài nán. Yuèdú（Reading）hěn róngyì（easy）.

Lǐ Chéng： Nà nǐ wèi shénme hái měitiān dōu xué Hànyǔ?

Ruìqiū： Yīnwèi _____,
suǒyǐ měitiān dōu yào xiě Hànzì.

Lǐ Chéng： Bié xué le. Xiūxi xiūxi. Wǒmen yìqǐ qù chī huǒguō ba?

Ruìqiū： _____ xǐhuan chī huǒguō?

Lǐ Chéng： _____ Chóngqìngrén.

6. 强调过去的时间、地点 ├────────────────────

Emphasizing the time and location of a past event

（1）A：Nǐ zuótiān shàngwǔ（morning）qù nǎr le?

B：Wǒ qù chāoshì（supermarket）mǎi le hǎo duō dōngxi.

A：Nǐ _____?

B：Wǒ shì 8 diǎn qù de. Nǐ hái méi qǐchuáng ne.

A： _____?

B：Wǒ shì qí（ride）zìxíngchē qù de.

A：Nǐ mǎi zìxíngchē le?

B：méiyǒu, _____.

（2）A：Wǒ xià gè yuè xiǎng qù Xiānggǎng（HongKong）lǚyóu.

_____?

B：Wǒ qù guò Xiānggǎng le. Xiānggǎng tài piàoliang le.

A：Nǐ shì shénme shíhou qù de Xiānggǎng ?

B：_____. (shàng gè yuè)

A：Nǐ yí gè rén qù de?

B：Búshì. _____. (bàba、māma)
　　Wǒ bàba、māma qù Xiānggǎng kàn péngyou.

A：Nǐmen zài Xiānggǎng wán le jǐtiān ?

B：_____.
　　Shíjiān (time) tài shǎo le. Wǒ hái yào huílái shàngkè ne.

7. 问年龄和生日 Asking about someone's age and the birthday ├———————

（1）Xuéshēng A：Zuótiān shì wǒ gēge (elder brother) de shēngri.

　　　Xuéshēng B：_____?

　　　Xuéshēng A：Dǎ diànhuà le. Zhù tā shēngrì kuàilè (*happy birthday to him*).

　　　Xuéshēng B：_____?

　　　Xuéshēng A：Tā jīnnián 25 suì le.

　　　Xuéshēng B：_____?

　　　Xuéshēng A：Wǒ de shēngrì shì 11 yuè 16 hào.

（2）Ruìqiū：Jīntiān jǐ yuè jǐ hào ?

　　　Kǎixī：_____. yǒu shénme shìqing ma ?

　　　Ruìqiū：Míngtiān shì Dàwèi hé tā mèimei de shēngrì.
　　　　　　Tāmen de shēngrì dōu shì _____.

　　　Kǎixī：Dàwèi jīnnián _____?

　　　Ruìqiū：_____.

　　　Kǎixī：Tā mèimei ne ?

　　　Ruìqiū：_____.

三、语法 Grammar

1. 叹词"喂"　The Interjection "喂 wèi"

给某人打电话或者接听别人电话开头时的常用语。例如:

The word is often used when calling someone or answering a phone call. For example:

Wèi, Lǐ lǎoshī zài jiā ma?
(1) A：喂, 李老师 在家 吗?

Tā bú zài jiā, qù xuéxiào le.
    B：她 不在家, 去学校了。

Wèi, nǐ shì Lǐ Chéng ma?
(2) A：喂, 你是 李成 吗?

Duì, nín shì?
    B：对, 您是?

Wèi, nǐ zài zuò shénme ne?
(3) A：喂, 你在 做 什么 呢?

Wǒ zài kàn shū ne.
    B：我 在 看书呢。

2. 副词"都"　The Adverb "都 dōu"

"都"表示总括全部, 所总括的对象必须放在"都"的前面。例如:

"都 dōu" means "both/all". The people or objects included are put before "都 dōu".

For example:

Wǒ hé Dàwèi dōu zài zhǎo tā ne.
(1) 我 和 大卫 都 在 找 她 呢。

Wǒmen dōu shì Zhōngguórén.
(2) 我们 都 是 中国人。

3. 动作的进行　The progression of an action

要表示正在进行的动作, 可以在动词前使用副词"在"或"正在", 也可以在句末使用"呢"。"正在"进一步强调了一种行为在一定时间内的发展。"在"或"正在"也可以和"呢"一起使用。

To indicate an action in progress, either use the adverb "在 zài" or "正在 zhèngzài" before a verb, or "呢 ne" at the end of a sentence. "正在 zhèngzài" further emphasizes the progression of an action at a certain time. "在 zài" or "正在 zhèngzài" can also be used together with "呢 ne".

$$\overset{\text{zhèngzài \quad zài}}{正\ 在\ /\ 在} + V\ +\ O\ (\ +\ \overset{\text{ne}}{呢}\ )$$

Subject	Predicate		
	Zhèngzài/zài 正在/在	Verb. + Object	ne 呢
Wǒ hé Dàwèi 我 和 大卫	dōu zài 都 在	zhǎo tā 找 她	ne. 呢。
Wǒ 她	zhèngzài 正在	zhǔnbèi xià ge yuè de kǎoshì 准备 下个月的考试	ne. 呢。
Tā 他	zài 在	xuéxí Hànyǔ. 学习 汉语。	
Nǐ 你	zhèngzài 正在	zuò shénme 做 (to do) 什么	ne? 呢?

"没（在）+动词/动词词组" 或 "没（有）+动词/动词词组" 表示否定，句尾不能用 "呢"。例如：

The negative form is "méi（zài）+ Verb/Verb Phrase" or "méi（yǒu）+ Verb /Verb Phrase", without "呢 ne" at the end of the sentence. For example：

Subject	Predicate	
	méi（zài）/méi（yǒu） 没（在）/没（有）	Verb. / Verb Phrase
Tā māma 她妈妈	méi zài 没 在	dǎ diànhuà. 打电话。
Dàwèi péngyou 大卫 朋友	méi yǒu 没 有	huí Yīngguō. 回 英国。
Tā 他	méi zài 没 在	gōngzuò. 工作 (work, job)。
Wǒ 我	méi 没	qù Shànghǎi. 去 上海。

Note：

正在进行的行动可能发生在现在、过去或将来。例如：

An ongoing action may take place in the present, the past, or the future time. For example：

Nǐ zài xué shénme ne ?   Wǒ zài xué Déyǔ ne.

（1）A：你 在 学 什么 呢? B：我 在 学 德语 呢。(in the present)

Zuótiān xiàwǔ tā lái de shíhou, wǒ zhèngzài kàn shū ne.

（2）昨天 下午 他 来 的时候， 我 正在 看 书 呢。

(*When he came yesterday afternoon, I was reading books.*)   (in the past)

Xià xīngqī nǐ qù zhǎo tā, tā yídìng zài zhǔnbèi kǎoshì ne.

（3）下 星期 你 去 找 她，她 一定 在 准备 考试 呢。

(When you find her next week, she surely is preparing tests.)   (in the future)

4. 能愿动词谓语句：会、能、可以

Sentences with the Modal verbs：huì, néng, kěyǐ

能愿动词像"会""能""可以"常放在动词前面表示能力、可能性或意愿。有时"要"也可以用作这些意思。

能愿动词像"会""能""可以"等都表示有做某事的能力，可译为"can, be able to"。但需要注意的是，"会"强调的是通过学习获得的技能，而"能"和"可以"则表示总体上掌握了技能。

Modal verbs such as "huì" "néng" and "kěyǐ" are often placed before verbs to express ability, possibility, or willingness. Sometimes "yào" can also be used as these meanings.

Modal verbs such as "huì" "néng" and "kěyǐ" indicate the ability to do something and can be translated into "can, be able to". It should be noted, though, that "huì" emphasized skills acquired through learning, while "néng" and "kěyǐ" express the possession of skills in general.

$$\text{（不）Modal Verb ＋ V}_O$$
（bù）

Subject	Predicate		
	Time Word /Adverb.	Modal Verb	Verb Object
Tā 她		huì 会	shuō Hànyǔ. 说 汉语。
Kǎixī 凯西		bú huì 不 会	yóuyǒng. 游泳。
Shéi 谁	xiànzài 现在	néng 能	xiě zhè ge Hànzì？写 这 个 汉字？
Wǒ péngyou 我 朋友		bù néng 不 能	hē jiǔ. 喝 酒 (*wine*)。
Nǐ 你	wǎnshang 晚上	kěyǐ 可以	gēn wǒmen yìqǐ chī fàn ma? 跟 我们 一起 吃饭 吗？

"能"和"可以"也可以用来表示在特定情况下的许可或禁止。例如：

"néng" and "kěyǐ" can also be used to express permission or prohibition under specific circumstances. For example：

Subject	Predicate		
	Time Word /Adverb.	Modal Verb	Verb Object
Wǒmen 我们	bā diǎn 八 点	néng 能	dào nǎr? 到 那儿？

Subject	Predicate		
	Time Word /Adverb.	Modal Verb	Verb Object
Wǒ 我	míngtiān 明天	bù néng 不 能	shàngkè. 上 课 (*start class*)。
(Wǒ) （我）		kěyǐ 可以	jìnlái ma? 进来 (*come in*) 吗?
Zhèr 这儿		bù kěyǐ 不 可以	chī dōngxi. 吃 东西 (*things*)。

Note：

① “能”和“可以”的否定形式通常是“不能”。“不可以”只是用来表示禁止。例如：不可以吸烟。

The negative form of "néng" and "kěyǐ" is usually "bù néng". "bù kěyǐ" is only used to express prohibition. For example："bù kěyǐ xīyān.（Don't smoke.）"

② 可用能愿动词做简略回答。例如：

To answer briefly, one may use only the modal verb. For example：

Nǐ huì shuō Hànyǔ ma ?
A：你 会 说 汉语 吗?

Bú huì.
B：不会。

Kěyǐ jìnlái ma ?
A：可以 进来 吗?

Kěyǐ.
B：可以。

③ 有些能愿动词也可作一般动词。例如：

Some modal verbs are also general verbs. For example：

Tā huì yīngyǔ.
他 会 英语。

Wǒ yào kāfēi.
我 要 咖啡。

5. 动词“离” The Verb "lí"

用来表示处所、时间、目的的距离。例如：

It indicates the distance from a place, moment or purpose. For example：

A	lí 离	B	……
jiàoshì 1203 教室 1203	lí 离	túshūguǎn 图书馆	bú tài yuǎn. 不 太 远。
Zhè ge jiàoshì 这 个 教室	lí 离	wǒmen sùshè 我们 宿舍	bú jìn. 不 近。
	lí 离	wǒ de shēngrì 我 的 生日	hái yǒu yí gè xīngqī. 还 有 一个 星期。

生存交际汉语

6. 介词"向"　The Preposition "Xiàng"

介词"向"常常用来指示方向。例如：

The preposition "向 Xiàng" is often used to indicate direction. For example：

Dào túshūguǎn hòu xiàng yòubian zǒu.

（1）到　图书馆　后　向　右边　走。

Cóng zhèr xiàng qián zǒu, jiù shì wǒmen xuéxiáo.

（2）从　这儿　向　前　走，就是　我们　学校。

7. 表示存在的句子　Sentences indicating existence

我们已经学了"在"这个词，通常是用作主要动词谓语表示某人或某事存在某个地方（见第5课）。这类句子的主语通常是一个人或存在的事物，宾语通常是表示方向或位置的名词。

We have learned that the word "在 zài" is often used as the main verb of the predicate to indicate somebody or something exists somewhere（see in Lesson 5）. The subject of this kind of sentence is usually a person or thing that exists; the object is usually a noun expressing direction or location.

S（Phrase indicating the existence of somebody or something）	V zài 在	O（Phrase indicating somewhere）
Ruìqiū 瑞秋	zài 在	nǎr ne？ 哪儿呢？
Tā de shǒujī 她 的 手机	zài 在	jiā lǐ. 家里。
Wǒ péngyou 我　朋友	zài 在	xuéxiào. 学校。

动词"有"可以用于表示存在的句子中，表示某个处所或者位置存在什么。例如：

The verb "有 yǒu" can be used in an existential sentence to indicate a person or thing exists somewhere. For example：

S（Phrase indicating somewhere）	V yǒu 有	O（Phrase indicating somebody or something）
1203 jiàoshì nà ge lóu pángbian 1203　教室　那个 楼　旁边	yǒu 有	yígè xiǎo shāngdiàn. 一个 小　商店。
Shāngdiàn wài 商店　外	yǒu 有	bù shǎo zìxíngchē. 不　少　自行车。
Zhuōzi shàngmian 桌子　上面（in the table）	yǒu 有	yí gè shǒujī. 一个 手机。
Yǐzi xiàmian 椅子 下面（under the chair）	yǒu 有	yí gè bēizi. 一个 杯子。

"有"字句的否定形式是"没有",同时宾语前不能带数量定语。例如：

In the negative form of a "yǒu" sentence, "yǒu" is used without a numeral classifier before the object. For example：

Túshūguǎn hòumian nà ge lóu pángbiān méiyǒu xiǎo shāngdiàn.

（1）1203 教室那个楼 旁边 没有 小 商店。

Shāngdiàn wài méiyǒu zìxíngchē.

（2）商店 外 没有 自行车。

Zhuōzi shàngmian méiyǒu shǒujī.

（3）桌子 上面 没有 手机。

Yǐzi xiàmian méiyǒu bēizi.

（4）椅子 下面 没有 杯子。

动词"是"通常也可用作主要动词谓语表示某人或某事存在某处。这类句子的主语通常是一个名词或短语，表示某处；宾语通常是表示某人或某事的短语。

The verb "是 shì" is also usually used as the main verb of the predicate to indicate somebody or something exists somewhere. The subject of such a sentence is usually a noun or phrase indicating somewhere；the object is usually a phrase indicating somebody or something.

S（Phrase indicating somewhere）	V shì 是	O（Phrase indicating somebody or something）
Túshūguǎn hòumian 图书馆 后面 (*behind the library*)	shì 是	shāngdiàn. 商店。
Nǐ qiánmian 你 前面 (*in the front*)	shì 是	Shéi? 谁？

Note：

There are two differences between a sentence using "是 shì" and a sentence using "有 yǒu" when indicating existence：

①"有"字句仅表示某人或某事存在于某地，"是"字句不仅仅表示某人或某事存在于某地，还进一步说明了它是什么。

A sentence with "yǒu" only denotes somebody or something exists somewhere, while a sentence with "shì" not only indicates that somebody or something exists somewhere, but also further specifies what it is.

②用"有"表示存在的句子的宾语通常是一般的指称，用"是"表示存在的句子的宾语通常是具体的指称。因此，我们可以说

The object of a sentence indicating existence with "yǒu" is usually of a general reference, while the object of a sentence indicating existence with "shì" is usually of a specific reference. Therefore，

Túshūguǎn hòumian yǒu yí gè shāngdiàn.

we can say 图书馆 后面 有 一 个 商店。

Túshūguǎn hòumian yǒu wǒmen xuéxiào shāngdiàn.

But not 图书馆 后面 有 我们 学校 商店。

Túshūguǎn hòumian shì shāngdiàn　Shāngdiàn zài túshūguǎn hòumian

"图书馆 后面 是 商店。"or " 商店 在 图书馆 后面。"

should be used instead.

8. 名词谓语句 Sentences with Nominal Predicate

名词谓语句是谓语部分由名词性成分充当的句子。名词、名词短语和数量词可以直接充当句子的谓语，不需要动词"是"。这类句子在口语中常用来表达年龄、价格等，也可表示时间和日期。例如：

A sentence with a nominal predicate is a sentence whose predicate is a nominal element. Nouns, noun phrases, and numeral-measure words can function directly as the predicate of a sentence and do not need the verb "shì". This kind of sentences is especially used in spoken language to express age, price, and so on. It is also to express time and date. For example：

Subject	Predicate（Nu-M）
Jīntiān 今天	xīngqī rì 星期日。
Míngntiān 明天	jǐ yuè jǐ hào？ 几月几号？
Xiànzài 现在	7 diǎn 30 fēn. 7 点 30 分。
Ruìqiū mèimei 瑞秋 妹妹	jīnnián yǐjīng 5 suì le. 今年 已经 5 岁了。
Zhè ge bēizi 这 个 杯子	65 yuán. 65 元。

9. 年、月、日和星期 Expressing the date and days of the week

汉语中，组成一年名字的四个数字被读成四个独立的数字，"年"被放在末尾。例如：

In Chinese, the four figures making up the name of a year are read out as four separate numbers and "nián" is put at the end. For example：

一九九八年　yījiǔ jiǔ bā nián
二〇〇〇年　èr líng líng líng nián
二〇〇二年　èr líng líng èr nián
二〇一〇年　èr líng yī líng nián

12 个月的名称是由基数 1 到 12 和"月"组合而成的。例如：

The names of the 12 months are produced by combining the cardinal numbers 1 to 12 with "yuè". For example：

一月	yīyuè	January	七月	qīyuè	July
二月	èryuè	February	八月	bāyuè	August
三月	sānyuè	March	九月	jiǔyuè	September
四月	sìyuè	April	十月	shíyuè	October
五月	wǔyuè	May	十一月	Shíyīyuè	November
六月	liùyuè	June	十二月	Shí'èryuè	December

日期的名称由基数 1 到 30（或 31）与"号"（口语形式）或"日"（书面形式）组合而成。例如：

The names of the dates are produced by combining cardinal numbers 1 to 30（or 31）with "hào"（spoken form）or "rì"（written form）. For example：

（二月）六号	（èryuè）liù hào	February 6
（十月）十二号	（shíyuè）shí'èr hào	October 12
（十一月）二十二日	（shíyīyuè）èrshí'èr rì	November 22
（十二月）三十一日	（shí'èryuè）sānshíyī rì	December 31

如果提到这个月的某一天，可以省略"月"，简单地说"……号"。

If one mentions a date in the current month, one can omit "yuè" and simply say "…… hào".

"星期"后面的基数从 1 到 6 是用来表示星期一到星期六的。Sunday 的名称是"星期天"（口语形式）或"星期日"（书面形式）。

The cardinal numbers from 1 to 6 follow "xīngqī" are used to express Monday to Saturday. The name for Sunday is "xīngqī tiān"（spoken form）or "xīngqī rì"（written form）.

星期一	xīngqīyī	Monday	星期五	xīngqīwǔ	Friday
星期二	xīngqī'èr	Tuesday	星期六	xīngqīliù	Saturday
星期三	xīngqīsān	Wednesday	星期天/日	xīngqītiān/rì	Sunday
星期四	xīngqīsì	Thursday			

表示日期和星期的语序是：

The word order for expressing the date and days of the week is：

nián yuè rì xīng qī
年 + 月 + 日 + 星 期

èr líng yījiǔ nián	yīyuè	èrshíwǔ rì	xīngqīwǔ
二〇一九年	一月	二十五日	星期五
2019 年	1 月	25 日	星期五

10. 时间的表达　Expression of Time

汉语表达时间的时候要用"点""分"，遵循由大到小的顺序。

"diǎn" and "fēn" are used to express time in Chinese, observing the principle of "the bigger unit preceding the smaller unit".

用"点"来表示整点。例如：

"diǎn" means "o'clock", indicating a whole hour. For example：

jiǔ diǎn

9：00　→　九 点

shíyī diǎn

11：00　→　十一点

liǎng diǎn

2：00　→　两 点

*注意：在表达 2 o'clock 时，我们说两点（liǎngdiǎn），不说二点（èrdiǎn）。

Note：The counterpart of 2 o'clock in Chinese is "两点（liǎngdiǎn）" instead of "二点（èrdiǎn）".

当不是整点的时候要用到"分"，格式是"……点……分"。例如：

If it is not a "whole-hour" time, "fēn" is used. The pattern is "……diǎn……fēn".

For example：

liǎngdiǎn（líng）wǔ fēn

2：05　→　两 点 （〇）五 分

(When "fēn" is a number less than ten, "〇" may be added before it.)

shíyī diǎn shífēn

11：10　→　十一 点 十 分

wǔ diǎn shí'èr（fēn）

5：12　→　五 点 十二（分）

(When "fēn" is more than 10, "fēn" may be omitted.)

Shí'èr diǎn sānshí fēn

12：30　→　十二 点 三十（分）

如果区分上午、中午、下午或晚上，格式是"上午……点（……分），中午……点（……分），下午……点（……分），晚上……点（……分）"。例如：

To distinguish a time before noon，during noon，from one afternoon and one evening, the pattern "shàngwǔ……diǎn（……fēn）""zhōngwǔ……diǎn（……fēn）""xiàwǔ……diǎn（……fēn）""wǎnshang……diǎn（……fēn）". For example：

Zǎoshang liù diǎn

6：00 am　→　早上 六点

Shàngwǔ jiǔ diǎn

9：00 am → 上午 九点

Xiàwǔ sān diǎn shífēn

3：10 pm → 下午 三 点 十分

wǎnshang qī diǎn èrshíwǔ fēn

7：25 pm → 晚上 七点 二十五分

11. 表时间的词语作状语 Words expressing time as adverbials

表示时间的词，如"现在""今天""下午""12月12号""7点30分"等，可以作为副词来表示一个动作或状态发生的时间。时间状语既可以放在主语之后、谓语主要成分之前，也可以放在主语之前，强调时间。例如：

Words expressing time, such as "xiànzài" "jīntiān" "xiàwǔ" "12 yuè12 hào" and "7 diǎn 30 fēn" can function as adverbials to indicate the time of occurrence of an action or a state. Adverbials of time can be placed either：（1）after the subject and before the main element of the predicate or：（2）before the subject to emphasize the time：

S ＋ TW ＋ V O／A

Subject	Predicate		
	Time Words	V O ／ A	
Wǒ 我	7 diǎn 30 fēn 七点三十分	qǐchuáng xuéxí 起床 学习。	
Nǐ 你	xiànzài 现在	yǒu shíjiān 有 时间	ma？ 吗？
Ruìqiū 瑞秋	xiàwǔ 下午	lái guò wǒ jiā. 来 过我家。	
Wǒmen 我们	jīntiān 今天	hěn máng. 很 忙。	
Dàwèi hé tā péngyou 大卫 和他 朋友	12 yuè 12 hào 12月12号	qù Shànghǎi. 去 上海。	

TW ＋ S ＋ V O／A

Time Words	Subject	Predicate	
		V O ／ A	
7 diǎn 30 fēn 七点三十分	wǒ 我	qǐchuáng xuéxí 起床 学习。	
Xiànzài 现在	nǐ 你	yǒu shíjiān 有 时间	ma？ 吗？
Xiàwǔ 下午	Ruìqiū 瑞秋	lái guò wǒ jiā. 来 过 我家。	
Jīntiān 今天	wǒmen 我们	hěn máng. 很 忙。	

Time Words	Subject	Predicate		
		V O / A		
12 yuè 12 hào 12 月 12 号	Dàwèi hé tā péngyou 大卫　和他朋友	qù Shànghǎi. 去 上海。		

Note：

① 时间状语永远不能放在谓语动词之后。例如，我们不能说 "我们很忙今天"。

Adverbials of time can never be placed after the predicative verb. For example, one cannot say "Wǒmen hěn máng jīntiān".

②如果一个副词中有多个表示时间的词，则在较小的副词前应加上较大的时间单位。例如："明天上午" "星期日下午"。

If there is more than one word expressing time in one adverbial, a large unit of time should be put before a smaller one. For example：

"míngtiān shàngwǔ" "xīngqīrì xiàwǔ".

12. 关联词 "因为……，所以……"

The Pair of Conjunctions "因为（yīnwèi）……，所以（suǒyǐ）……"

关联词 "因为……，所以……" 连接两个表示因果关系的分句，前一分句表示原因，后一分句表示结果。使用时可以成对出现，也可以省略其中一个。例如：

The conjunctions "yīnwèi……，suǒyǐ……" are used to connect two clauses in a causative relation, the first clause being the cause and the second being the effect. One can use both or either of them in a sentence. For example：

yīnwèi 因为……	suǒyǐ 所以……
Yīnwèi wǒ zhèngzài zhǔnbèi xià ge yuè de HSK kǎoshì ne, 因为我正在准备下个月的 HSK 考试呢，	suǒyǐ wǒ 7 diǎn 30 fēn jiù qǐchuáng xuéxí le. 所以我 7 点 30 分就起床学习了。
Yīnwèi tā měitiān yóuyǒng 因为 他 每天（everyday）游泳，	suǒyǐ shēntǐ hěn hǎo. 所以 身体 很 好。
Yīnwèi shǒujī tài guì le, 因为 手机 太贵了，	suǒyǐ tā méi mǎi. 所以 她 没 买。

13. "是……的" 句：强调时间、地点、方式

The Structure "shì……de"：used to emphasize time, place or manner

"是……的" 结构用于强调过去事件发生的时间和地点，以及它们发生的方式。"是" 放在要强调的部分前面（有时可以省略），"的" 放在句末。否定形式是 "不是……的"。例如：

The structure "shì……de" can be used to emphasize the time and location of past events, and the manner in which they have occurred. The word "shì" is placed before the part to be emphasized（sometimes it can be omitted）, and the "de" is placed at the end of the sentence. The negative form is "bú shì……de".

Subject	shì 是	Word（s）indicating time, place or manner	V O	de 的
Wǒ 我	shì 是	jīntiān 今天	lái 来	de. 的。
Wǒ 我	bú shì 不 是	zuótiān 昨天	lái 来	de. 的。
Zhè 这	shì 是	zài Běijīng 在 北京	mǎi 买	de. 的。
Nǐmen 你们	shì 是	zěnme 怎么	dào túshūguǎn 到 图书馆	de? 的？
Wǒmen 我们	shì 是	zuò Lǐ Chéng de zìxíngchē 坐李成 的 自行车	lái 来	de. 的。
Nǐ 你	shì 是	zěnme 怎么	zhǎo dào wǒ 找 到 我	de? 的？

　　用动词作谓语来表示过去发生的事情的句子和用"是……的"作谓语的句子在意思上是不同的。比较以下两个句子：

A sentence with a verb as the predicate to indicate that something has happened in the past is different in meaning from a sentence with "shì…… de" as the predicate. Compare the following：

Tā shì qùnián lái de.

他 是 去年 来 的。（It emphasizes that the time that he came was last year.）

Qùnián tā lái le.

去年 他 来 了。（It just tells what happened last year.）

14. 助词"了"（2）：表实现或完成

Particle "了 le"（2）： Expressing the completion or realization

　　助词"了"用于动词后带宾语，表示某人做了某事。动词后的宾语前面一般要有定语，如数量词或形容词、代词等。例如：

The particle "le" can also be used between a verb and its object to indicate somebody has done something. There is usually a modifier before the object of the verb, such as a numeral classifier, an adjective or a pronoun, etc. For example：

Nǐ mǎi le jǐ gè píngguǒ？ 你 买 了几个 苹果？ （How many apples have you bought？）	Compare：

Nǐ mǎi jǐ gè píngguǒ？
你 买 几个 苹果？

（How many apples are you going to buy?
/ How many apples will you buy？）

Wǒ mǎi le wǔ gè píngguǒ.
我 买 了 五个 苹果。

Wǒ mǎi wǔ gè píngguǒ.
我 买 五个 苹果。

（I have bought five apples.）　　　　　　（I'm going to buy five apples.
　　　　　　　　　　　　　　　　　　　／I will buy five apples.）

　　如果带有"了"的动词带有一个宾语，这个宾语通常有一个定语，在许多情况下是一个数量词、形容词或代词。

If the verb with a "le" takes an object, this object usually has an attributive, which is a numeral-measure word, an adjective or a pronoun in many cases.

Subject	Predicate			
	Adverb	Verb le	Nu-M / Adj. / Pr.	Object
Wǒ 我		wèn le 问了	Lǐ Chéng 李成。	
Tā 他	bāng wǒmen 帮 我们	zhǎo dào le 找 到 了	nǐ. 你。	
Nǐ māma 你妈妈	gěi nǐ 给 你	dǎ le 打 了	hěnduō cì 很多 次	diànhuà. 电话。
Wǒ 我		wàng le 忘 了	tā de 他的	shēngri. 生日。
Ruìqiū 瑞秋	zuótiān 昨天	mǎi le 买了	bù shǎo 不少	jīdàn. 鸡蛋。
Tāmen 他们		kànjiàn le 看 见 了	jǐ gè 几个	rén? 人？

　　如果宾语没有定语（例如："我买了苹果"或者"他去了医院"），谓语中还需要其他成分构成一个完整的句子。例如：

If the object does not have an attributive（eg："Wǒ mǎi le píngguǒ." or "tā qù le yīyuàn."）other elements are needed in the predicate to form a complete sentence. For example：

Wǒ mǎi le píngguǒ, hái mǎi le yú.
我 买 了 苹果，还买了鱼。
Tā qù le yīyuàn, 　　　　　　yě chī le hěnduō yào.
他 去 了 医院（hospital），也 吃 了 很多 药（medicine）。
这类句子的否定形式是在动词前加"没"或"没有"，动词后面省略"了"。
The negative form of this kind of sentence is made by placing "méi" or "méiyǒu", before the verb and omitting "le" after the verb.

　　　　méi（yǒu）
　　　　没（有） ＋ V ＋O
　　　　Ruìqiū zuótiān méi mǎi jīdàn.
　　　　瑞秋 昨天 没 买 鸡蛋。
　　　　Wǒ méiyǒu wèn Lǐ Chéng.
　　　　我 没有 问 李成。

Note：

"了"只表示一个动作的实现或完成，而不是这个动作发生的时间（可能在过去、现在或将来）。很多情况下，这种句子中的动作已经发生了。但是，也有可能在将来完成这个动作。例如：

"le" only indicates the realization or completion of an action, but not the time at which this action occurs (which may be in the past, present or future). In this kind of sentence, the action, in many cases, has already happened. It is also possible, though, that the completion of the action will occur in the future. For example：

Míngtiān xiàwǔ wǒ mǎi le bēizi qù chīfàn.

明天 下午 我 买了 杯子 去 吃饭。

(Tomorrow afternoon I'll have supper after I buy the cup.)

并非所有过去的行为都需要助词"了"。如果一个动作经常发生，或者一个句子描述了过去的动作，但没有强调动作的完成，"了"可以不用。例如：

Not all the past actions need the particle "le". If an action occurs frequently or a sentence describes an action in the past but does not emphasize the completion of the action, "le" is not used. For example：

Shàng gè yuè tā cháng lái kàn wǒ, xiànzài tā bù cháng lái kàn wǒ.

上 个 月 他 常 来看 我，现在 他 不 常 来看 我。

(Last month he often come to visit me, now he didn't often come to visit me.)

Qùnián wǒ zài Běijīng xuéxí Hànyǔ.

去年 我 在 北京 学习 汉语。

15. 疑问代词"多" The Interrogative Pronoun "多 duō"

疑问代词"多"用在形容词的前面，对程度进行提问，回答时要说出数量。"多+大"用于询问年龄，"多+远"用于询问距离，"多+高"用于询问身高。例如：

The interrogative pronoun "多 duō" is used before an adjective, asking about the degree of something. A specific quantity should be given to answer the question. "duō+dà" is used to ask about one's age, "duō+yuǎn" is used to ask about the distance, "duō+gāo" is used to ask about the height. For example：

Subject	duō 多	Adjective.
Nǐ 你	duō 多	dà? 大?
1203 lí túshūguǎn 1203 离 图书馆	duō 多	yuǎn? 远?
Dàwèi 大卫	duō 多	gāo? 高（tall）?

Nǐ mèimei duō dà le ?   Tā jīnnián yǐjīng 5 suì le.

（1）A：你 妹妹 多大了？   B：她 今年 已经 5岁了。

　　　　　　　1203 lí túshūguǎn duō yuǎn？　　　　　　　　1203 lí túshūguǎn bú tài yuǎn
（2）A：1203 离 图书馆 多 远？　　　　　　　B：1203 离 图书馆 不 太 远。

　　　　　　　Dàwèi duō gāo？　　　　　　　　　　　　Tā yì mǐ bā'èr.
（3）A：大卫 多 高？　　　　　　　　　　　B：他 一米八二（1.82 *meter*）。

16. 时间副词"就""已经" The Adverb of Time "jiù" "yǐjīng"

时间副词"就"强调说话人认为事情发生得早，进行得快、顺利。例如：

The adverb of time "jiù" is used for emphasis, indicating that the speaker thinks something happened early or went fast and well. For example：

Subject	jiù le 就……了
Wǒ 我	7 diǎn 30 fēn jiù qǐchuáng xuéxí le. 7 点 30 分 就 起床 学习 了。
Kǎixī māma 凯西 妈妈	míngnián jiù lái zhōngguó le. 明年 就 来 中国 了。
Wǒ péngyou 我 朋友	qí　　zìxíngchē shí fēnzhōng jiù dào. 骑（*to ride*）自行车 十 分钟 就 到。

时间副词"已经"表示动作完成或者达到某种程度。例如：

The adverb of time "yǐjīng" indicates that an action has been completed or having reached a certain degree. For example：

　　　　Tā jīnnián yǐjīng 5 suì le, fēicháng kě'ài.
（1）他 今年 已经 5 岁了，非常 可爱。

　　　　Xiànzài yǐjīng bā diǎn le.
（2）现在 已经 八 点 了。

　　　　Tā shēntǐ yǐjīng hǎo le ma?
（3）他 身体 已经 好 了吗?

四、文化知识 Cultural Note

自行车在中国 Bikes in China

被誉为"自行车王国"的中国，在许多城市的高峰时段都有壮观的自行车洪流。

China, reputed as the "Kingdom of Bikes", has a spectacular torrent of bikes during the rush hours in many cities.

自行车是在 19 世纪末从西方传入中国的。起初它是皇室贵族的玩具。到了 20 世纪 60 年代至 70 年代，它与缝纫机和手表一起成为"婚礼的三大必备物品"之一。80 年代以后，自行车逐渐成为中国人最重要、最流行、最理想的交通工具。

The bike was introduced to China from the West at the end of the 19th century. It served as a toy of the imperial nobles at first. By the 1960s-1970s, it has become one of the "three must-haves for the wedding" together with the sewing machine and wrist watch. After 1980s, the bike has gradually become the most important, popular and ideal means of transport for Chinese people.

改革开放30年来，中国人民的生活水平逐步提高。地铁等公共交通系统发展迅速；私家车的数量也在增加。然而，这并不意味着他们会一次性丢弃自行车。如今，自行车已经不仅仅是一种普通的交通工具，它的形式多种多样，可以在城市的各个角落快速行驶。出于交通压力、环境保护和自身健康的考虑，骑自行车外出已经成为人们保持健康、消遣和时尚的好方法。

Chinese people enjoy a gradual increase in their living standards with the reform and opening up in the past 30 years. Public transportation system such as the subway has developed rapidly; there is also an increase in the number of private cars. However, it doesn't mean that they cast off the bike once for all. Nowadays, the bike, which is diverse in form and zooming about in all corners of cities, is not just an ordinary transportation tool. Out of the considerations of transportation pressure, environmental protection and keeping healthy, going out by bike has become a good way for people to keep fit, spend their pastime, and follow the fashion.

由于它的方便，几乎每个中国大学校园的学生都骑自行车。

Due to its convenience, the bike is ridden by almost every student on the campuses of Chinese universities.

第七课

Kàn bìng

看 病 seeing a doctor

In China, what should you do if you don't feel well? Here you will learn to describe health problems to a doctor. you will also learn how to use Chinese language to give an account of actions that has happened before, show your concern when you visit a patient, and make comparisons when talking about the weather in this lesson.

As your Chinese level advances at the end of this semester, There will be more new words and grammar in this lesson. I'm sure you will keep trying.

一、课文 Text

课文一

Scene：Kelsey is not feeling well in the morning. They are going to the hospital.

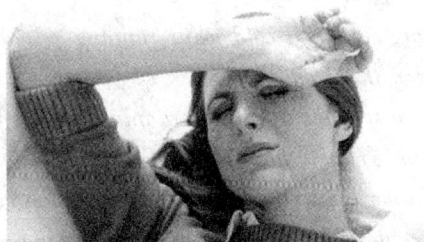

Ruìqiū	Dōu 7 diǎn 45 le,　nǐ zěnme hái zài shuìjiào？
瑞秋：	都 7 点 45 了，你 怎么 还 在 睡觉？
Kǎixī	Wǒ shēntǐ bú tài shūfu.　Wǒ tóu yǒu diǎnr téng, sǎngzi yě téng.
凯西：	我 身体 不太 舒服。我 头 有 点儿 疼，嗓子 也 疼。

Ruìqiū	Nǐ shì bu shì shēngbìng le? Ràng wǒ kànkan. Nǐ fāshāo le ba?
瑞秋：	你 是不是 生病 了？让 我 看看。你 发烧了吧？
	Wǒmen kuài qù yīyuàn kànkan！
	我们 快 去 医院 看看！

| Kǎixī | Wǒ tiāntiān dōu yùndòng. Měi xīngqī dōu pǎobù, dǎ lánqiú hé tī zúqiú. |
| 凯西： | 我 天天 都 运动。每 星期 都 跑步、打篮球和踢足球。 |

Ruìqiū	Zuótiān zǎoshang pǎobù de shíhou, nǐ kěnéng zháoliáng le.
瑞秋：	昨天 早上 跑步 的 时候，你 可能 着凉 了。
	Zuótiān bǐ jīntiān lěng de duō.
	昨天 比 今天 冷 得多。

Kǎixī	Nǐ shuō de bú cuò. Wǒ pǎo wán de shíhou, wàimian xià zhe xuě.
凯西：	你 说得 不错。我 跑 完 的时候，外面 下着 雪。
	Jīntiān tiānqì bù hǎo, yīntiān. xiànzài yào xiàyǔ le.
	今天 天气 不好，阴天。现在 要下雨 了。
	Wǒ hái qù bu qù yīyuàn？
	我 还 去不去 医院？

Ruìqiū	Qù a！Wǒ sòng nǐ qù yīyuàn. Nǐ kuài chuān yīfu.
瑞秋：	去啊！我 送 你 去医院。你 快 穿 衣服。
	Wǒ ràng Dàwèi gàosù lǎoshī jīntiān wǒmen bù néng qù shàngkè le.
	我 让 大卫 告诉 老师 今天 我们 不 能 去 上课 了。

| Kǎixī | Hǎo ba. Děng wǒ yíxià. |
| 凯西： | 好 吧。等 我 一下。 |

English Version

Rachel： *It's already seven forty-five. Why are you still sleeping？*

Kelsey： *I'm not feeling well. I have a little headache. The throat is also sore.*

Rachel： *Are you sick？Let me see. You've got a fever？Let's go to the hospital.*

Kelsey： *I keep exercise everyday. I'm running, playing basketball and playing football every week.*

Rachel： *You might have caught a cold while running yesterday morning. It was much colder yesterday than today.*

Kelsey： *You speak correct. When I finished running, it has a little snow. The weather isn't good today, cloudy day. It will be rainy. I will still go to hospital or not？*

Rachel： *Go on. I'll take you to the hospital. You get dressed quickly. I asked David to tell the teacher that we couldn't go to class today.*

Kelsey： *OK. Waiting for a while.*

1	睡觉	shuìjiào *v.* sleep	17	打篮球	dǎ lánqiú to play basketball	
2	头	tóu *n.* head	18	踢足球	tī zúqiú to play football	
3	有点儿	yǒu diǎnr *adv.* somewhat, a bit	19	早上	zǎoshang *n.* morning	
4	疼	téng *adj.* painful, sore	20	时候	shíhou *n.* time, moment	
5	嗓子	sǎngzi *n.* throat	21	着凉	zháoliáng *v.* catch a chill, catch a cold	
6	生病	shēngbìng *v.* to fall ill, to be sick	22	比	bǐ *prep.* than, (superior or inferior) to	
7	发烧	fāshāo *v.* to have a fever	23	冷	lěng *adj.* cold	
8	医院	yīyuàn *adv.* hospital	24	得	de *part.* used after a verb or an adjective to introduce a complement of result or degree	
9	运动	yùndòng *n/v.* sport, to take physical exercise, to work out	25	错	cuò *adj.* wrong, incorrect	
10	每	měi *pron.* every, each		不错	búcuò *adj.* pretty good	
11	跑步	pǎobù *v.* to run, to jog	26	完	wán *v.* to finish, to send	
12	外面	wàimian *n.* outside	27	送	sòng *v.* to send, to deliver	
13	着	zhe *part.* used to indicate a state	28	穿	chuān *v.* to wear, to put on	
14	雪	xuě *n.* snow	29	衣服	yīfu *n.* clothes	
15	天气	tiānqì *n.* weather	30	上课	shàngkè attend class	
16	阴	yīn *adj.* overcast, cloudy	31	等	děng *v.* to wait, to await	

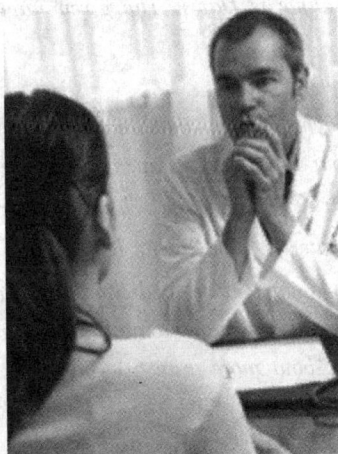

Scene：*Kelsey are seeing a doctor in the hospital .*

Yīshēng　Qǐngjìn, zuò ba. Nǐ jiào Kelsey Davis,　shì bu shì ?
医生：　请进，坐吧。你叫 Kelsey Davis，是不是？

Kǎixī　Duì. Wǒ xìng Davis, míngzi shì Kelsey.
凯西：　对。我 姓 Davis，名字 是 Kelsey。

Wǒ de zhōngwén míngzi shì Kǎixī.
我 的　中文　名字 是 凯西。

Yīshēng　Nǐ　nǎr bu shūfu ?
医生：　你哪儿不舒服？

Kǎixī　Wǒ tóu téng, sǎngzi yě téng. Shēntǐ hěn bù shūfu.
凯西：　我 头 疼，嗓子也 疼。身体 很 不 舒服。

Yīshēng　Wǒ kàn yí xià.　Nǐ sǎngzi yǒu diǎnr fāyán, hái yǒu diǎnr fāshāo,
医生：　我 看 一下。你 嗓子 有点儿 发炎，还 有点儿 发烧，

shì gǎnmào. Nǐ yào duō hē shuǐ, duō xiūxi.
是 感冒。你 要 多 喝水，多 休息。

Zhōngguórén juéde hē rè shuǐ duì shēntǐ hěn hǎo.
中国人　觉得 喝 热水 对 身体 很 好。

Hái yào chī diǎnr yào, hǎohao xiūxi.
还 要　吃点儿 药，好好 休息。

Ruìqiū　Yīshēng, tā de yào duōshao qián ? Wǒmen méi dài tài duō qián.
瑞秋：　医生，她的 药　多少　钱? 我们　没 带 太多钱。

Yīshēng　Bú guì. 60 duō kuài qián.
医生：　不贵。60 多 块 钱。

English Version

Doctor：　*Come in, sit down, please. Are you Kelsey Davis or not ?*

Kelsey：　*Right. My surname is Davis. The given name is Kelsey. My Chinese name is Kǎixī.*

Doctor：　*What's wrong with you ?*

Kelsey：　*I have a headache and a sore throat, all over the body are not comfortable.*

Doctor：　*Let me see. Your throat is inflamed, you' ve got a fever, it was a cold. You need to drink more water, have more rest. Chinese people think that drinking hot water is good to the body. You also need to eat a little medicine. Have a good rest.*

Rachel：　*Doctor, how much is her medicine ? We didn' t bring much money.*

Doctor：　*Not expensive. About more than 60 yuan.*

1	医生	yīshēng *n.* doctor	7	感冒	gǎnmào *v/n.* to have a cold; cold
2	进	jìn *v.* to enter, to come/go in	8	热	rè *adj.* hot
3	姓	xìng *v.* family name, surname	9	对	duì *prep.* (used before a noun or pronoun) to, for
4	名字	míngzi *n.* name	10	药	yào *n.* medicine
5	中文	zhōngwén *n.* Chinese	11	带	dài *v.* to bring, to take
6	发炎	fāyán *v.* to become inflamed			

课文三

Scene: When Kelsey and Rachel are taking taxi back to the school, teacher Nie is calling them.

Kǎixī　Zhèr lí xuéxiào yǒu diǎnr yuǎn, wǒmen zuò gōnggòng qìchē ba.
凯西：　这儿离 学校 有点儿 远，我们 坐 公共汽车 吧。

Ruìqiū　Zuò gōnggòng qìchē tài màn le, dǎ chē ba.
瑞秋：　坐 公共汽车 太 慢 了，打车 吧。
Nǐ bú shì shēngbìng le ma? bié lèi zhe le.
你 不是 生病 了吗? 别 累着 了。

Kǎixī　Wǒ hái yǒu hǎo duō Hànzì bú huì xiě ne.
凯西：　我 还 有 好多 汉字 不 会 写 呢。
Míngtiān jiù yào Hànzì kǎoshì le. Zhēn xīwàng xià xīngqī kǎoshì.
明天 就 要 汉字 考试了。真 希望 下 星期 考试。

Ruìqiū　Nǐ dōu fāshāo le, jiù zài sùshè xiūxi ba.
瑞秋：　你 都 发烧 了，就 在 宿舍 休息 吧。
Děng nǐ bìng hǎo le, wǒ ràng Lǐ Chéng bāng nǐ liànxí Hànzì.
等 你病 好 了，我 让 李成 帮 你 练习汉字。

(······the phone is ringing······)

Kǎixī	Hǎo. Nǐ kuài jiē diànhuà ba.
凯西:	好。你 快 接 电话 吧。

Ruìqiū　　Wǒ qù yīyuàn le.　　　　Búshì wǒ qù kànbìng de.
瑞秋:　　　"我 去医院 了。······ 不是 我去 看病 的,
　　　　　　Shì sòng Kǎixī qù de.　　　Hái méi dào sùshè ne.
　　　　　　是 送 凯西 去的。······ 还 没 到 宿舍呢,
　　　　　　Wǒmen zài chūzūchē shàng ne.　　Hǎode, xièxie.
　　　　　　我们 在 出租车 上 呢。······ 好的, 谢谢。"

Kǎixī　　Diànhuà shì shéi dǎ de ?
凯西:　　电话 是 谁 打的?

Ruìqiū　　Shì Niè lǎoshī dǎ de.
瑞秋:　　是 聂 老师 打的。
　　　　　Tā jiào wǒmen dào sùshè hòu gěi tā dǎ diànhuà.
　　　　　她 叫 我们 到宿舍 后 给她 打电话。

English Version

Kelsey:　*Here is a little bit far from the school. Let' s take the bus.*
Rachel:　*Taking the bus is too slow. Let' s take taxi. Aren' t you sick? Don' t be tired.*
Kelsey:　*I still have a lot of Chinese characters that can' t write. The Chinese character test is coming tomorrow. I really hope to take the exam next week.*
Rachel:　*You have already had a fever, just have a rest in the dormitory. When you get better, I will ask Li Cheng to help you with Chinese character.*
Kelsey:　*OK. You pick up the phone quickly.*
Rachel:　*"I went to the hospital. ······ It is not me that go to the doctor, I'm sending Kelsey to there. ······ We haven' t arrived to the dormitory. We are taking tatx. ······ OK. Thank you "*
Kelsey:　*Who is calling ?*
Rachel:　*It is teacher Nie that is calling. she told us that after arriving to the dormitory we give her a call.*

生词 *New Words*

1	公共汽车	gōnggòng qìchē *n.* bus	7	希望	xīwàng *v.* to hope, to wish
2	慢	màn *adj.* slow	8	练习	liànxí *v.* to exercise
3	打车	dǎchē *adj.* Take taxi	9	接	jiē *v.* to pick up, to meet sb.
4	累	lèi *adj.* tired	10	出租车	chūzūchē *n.* taxi, cab
5	汉字	Hànzì *n.* Chinese character	11	上	shàng *n.* up, above
6	写	xiě *v.* to write			

核心句 KEY SENTENCES

（1）Nǐ shì bu shì shēngbìng le?

（2）Wǒ tiāntiān dōu yùndòng.

（3）Zuótiān bǐ jīntiān lěng de duō.

（4）Nǐ shuō de bú cuò.

（5）Hē rèshuǐ duì shēntǐ hěn hǎo.

（6）Nǐ bú shì shēngbìng le ma?

（7）Wǒ tóu yǒu diǎnr téng, sǎngzi yě téng.

（8）Wǒ pǎo wán de shíhou, wàimian xià zhe xiǎoxuě.

（9）Bú shì wǒ qù kàn bìng de, shì sòng Kǎixī qù de.

（10）Wǒ ràng Lǐ Chéng bāng nǐ liànxí Hànzì.

（11）Tā jiào wǒmen dào sùshè hòu gěi tā dǎ diànhuà.

二、练习 Exercises

完成下列对话 Complete the following dialogue

1. 谈论身体状况 Talking about one's health

（1）A: Nǐ zěnmeyàng? bù shūfu ma?

B：_____.

A：Yào bú yào qù yīyuàn?

B：Bù xiǎng qù. Wǒ xiǎng _____.

(2) A：Wǒ jīntiān zěnme juéde bú tài shūfu?

B：A, _____ fāshāo.

Nǐ xiànzài bù néng _____, yào _____.

A：Nǐ bāng wǒ gěi Chén lǎoshī _____, hǎoma?

B：Méi wèntí.

(3) A：Nǐ shēntǐ _____!

B：Shì a, wǒ hěn shǎo qù yīyuàn.

A：Nǐ měitiān dōu _____ ma?

B：Wǒ měitiān xiàwǔ dōu _____.

2. 比较 Making comparisons

(1) Lǐ Chéng：Ruìqiū, nǐ juéde Chóngqìng dōngtiān (*winter*) lěng ma?

Ruìqiū：Bù lěng. Xiànzài Měiguó bǐ _____ lěng duō le.

Lǐ Chéng：Xiànzài Měiguó tiānqì zěnmeyàng?

Wǒ juéde _____.

Chóngqìng dōngtiān chángcháng (*often*) _____,

Ruìqiū：dànshì wǒ fēicháng xǐhuan Chóngqìng de chīde (*foods*).

Hěnduō dōngxi dōu bǐ _____, hái hěn hǎochī (*delicious*).

Lǐ Chéng：Nǐ shuō de duì. Nǐ xiàwǔ zuò shénme?

Ruìqiū：Xiàwǔ wǒ qù Niè lǎoshī jiā. Nǐ hé wǒ yìqǐ ba.

Lǐ Chéng：Hǎo a. Wǒ bú rènshi tā. Tā bǐ wǒ dà ma?

Ruìqiū：Tā kěnéng bǐ nǐ _____. Tā bǐ nǐ gāo yìdiǎnr.

(2) Kǎixī：Wǒmen xuéxiào lái le yí gè xīn wàijiào, yě shì Yīngguórén.

Ruìqiū：Tā huì shuō Hànyǔ ma?

Kǎixī：_____ hǎo duō le.

Ruìqiū：Tā huì xiě Hànzì ma?

Kǎixī：Kěnéng bú tài huì.

Wǒmen de Hànzì _____ piàoliang.

3. 评价动作或行为 commenting on one's actions or behaviors

(1) A：Nǐ zhīdao ma? Wǒ qù _____ le.

B：　Nǐ zhēn xǐhuan lǚyóu (*to travel*) ! Nǐ _____?

A：　Wánr de hái kěyǐ.

B：　Zài nàr nǐ chī de zěnmeyàng ?

A：　_____.

（2）Tóngxué：　Nǐ shì wǒmen xuéxiào de xuésheng ma ?

　　　　Dàwèi：　Shì. _____ Déguó liúxuéshēng. Wǒ xuéxí _____.

　　Tóngxué：　Nǐ Hànyǔ shuō de _____.

　　　　Dàwèi：　Xièxie. Wǒ _____.

　　Tóngxué：　Shéi jiāo (*to teach*) nǐmen Hànyǔ ?

　　　　Dàwèi：　Shì _____ jiāo wǒmen de.

　　Tóngxué：　Tā jiāo de _____?

　　　　Dàwèi：　_____.

　　Tóngxué：　Zhè shì nǐ xiě de Hànzì ma ? Xiě de _____.

　　　　Dàwèi：　Wǒ xiě de bù kuài, yào duō liànxí.

（3）Lǐ Chéng：　Zhè ge Hànzì xiě de _____. Nǐ kàn, yào zhème xiě.

　　Ruìqiū：　Zhè ge zì xiě de _____?

　　Lǐ Chéng：　Zhè ge zì xiě de yě bú duì, nǐ kàn.

　　Ruìqiū：　Zhè ge zì _____? Wǒ wàng le.

　　　　　Hànzì tài nán (*hard*) le.

　　Lǐ Chéng：　Bié zháojí (*anxious*). Dàwèi hé Kǎixī yě xiě de bù hǎo.

　　　　　Tāmen hái xiě de hěn màn (*slow*).

　　　　　Nǐ huì xiě de Hànzì dōu xiě de _____.

　　　　　Nǐ bǐ tāmen xué de hǎo.

4. 描述人或事物 Describing somebody or something ├───────────

（1）A：　Qǐngwèn, _____?

　　B：　Nǎ wèi Zhāng lǎoshī ? Wǒmen zhèr hěnduō rén dōu xìng Zhāng.

　　　　Duìbuqǐ. Wǒ bù zhīdao _____.

　　A：　Tā bǐ wǒ _____, bǐ wǒ _____.

　　　　tóufa (*hair*) yǒu diǎnr bái (*white*). Tā shì Zhōngguó rén.

　　B：　Wǒ zhīdào le. Tā jiào Zhāng dàshēng, zài 209 bàngōngshì (*office*).

（2）Zhàngfu：　Nǐ jīntiān chuān de zhēn piàoliang !
　　（*husband*）

Qīzi (*wife*)：Zhè jiàn yīfu shì _____ de,

shì _____ de.

Zhàngfu：Yánsè fēicháng piàoliang. Zhè jiàn yīfu guì ma ?

Qīzi：_____ bǐ _____ piányi duō le. Er bǎi duō kuài qián.

5. 描述去过的地方 Describing a place somebody has visited

A：Tīngshuō (*hear of*) nǐ qù _____ le.

B：Shì a. Wǒ shì zuò huǒchē (*train*) qù de. Huǒchē zuò de _____.

A：Nǐ mǎi dōngxi (*things*) le ma ? Nàr de dōngxi hǎo bu hǎo ?

B：_____, dōngxi yě hěn duō.

A：Chī de dōngxi guì bu guì?

B：_____.

A：Nǐ qù méi qù _____ ?

B：_____.

A：Nàr de tiānqì zěnmeyàng ?

B：_____.

A：Nàr de rén shuō Yīngyǔ ma ?

B：Nàr de rén Yīngyǔ shuō de _____. Nǐ kěyǐ qù kànkan.

6. 谈天气 Talking about weather

（1）A：Jīntiān tiānqì zhēn bù hǎo.

B：_____. Yí huìr yào xiàyǔ le.

A：Zuótiān Dàwèi shuō jīntiān _____.

Tā hái yào qù tī zúqiú ne.

B：Wǒ bù xǐhuan xiàyǔ. Xiàyǔ nǎr dōu bù xiǎng qù.

A：_____ yóuyǒng, hǎo bu hǎo ?

B：Tài hǎo le. Duì. Wǒmen kěyǐ qù yóuyǒng.

（2）A：Míngtiān huì xiàxuě ma ?

B：Kuài kàn, tiānqì yùbào (*weather forecast*) shuō _____.

A：Míngtiān duōshao dù (*degree*) ?

B：Língxià 20 dù (−20℃),

A：_____! Zhèr de dōngtiān bǐ _____.

B：Jīnnián dōngtiān bǐ qùnián (*last year*) _____.

Nǐ duō chuān diǎnr yīfu. Wǒmen míngtiān kěyǐ wánr xuě a!

A：Duì a. Xiàxuě de shíhou, wàimian suīrán _____,

dànshì _____.

B：Kuài kàn, yǐjīng xiàxuě le !

7. 看望病人 Visiting a patient ┤─────────────────────────

Niè lǎoshī： Tīngshuō nǐ fāshāo le. Wǒ lái kànkan nǐ.

Nǐ xiànzài _____?

Ruìqiū： Hǎo duō le. _____, _____.

Niè lǎoshī： Nǐ xiǎng chī dōngxi ma ?

Ruìqiū： _____. Wǒ bú tài xǐhuan chī shítáng de fàncài.

Niè lǎoshī： Wǒ dài le nǐ zuì xǐhuan chī de Dànbāofàn (omelet rice).

nǐ hǎohǎo xiūxi. Bié xuéxí le.

Děng _____, wǒ gěi nǐ bǔkè (make up missed class).

Wǒ zǒu le, wǒ xiàwǔ _____.

Ruìqiū： Xièxie lǎoshī.

Niè lǎoshī： Bié wàng le duō _____, duō _____ a.

三、语法 Grammar

1. "都……了"　The Structure "dōu……le" ┤─────────────────

"都……了"可以表示"已经"的意思，通常含有强调或不满的语气。例如：

The structure "dōu…… le" means "already", usually conveying an emphatic or a complaining tone. For example：

Dōu 7 diǎn 45 le, nǐ zěnme hái zài shuìjiào ?

（1）都 7点 45了，你 怎么 还在 睡觉？

Nǐ dōu fāshāo le, jiù zài sùshè xiūxi ba.

（2）你都 发烧 了，就 在宿舍 休息 吧。

Wǒ dōu děng tā yí gè xiǎoshí le.

（3）我都 等 她 一个小时（hour）了。

2. 疑问代词 "怎么"（2）　The Interrogative Pronoun "zěnme"（2） ┤──

我们已经学过疑问代词"怎么"用在动词前，询问动作的方式。（见第五课）"怎么+动词/形容词"也可用于询问事情的原因，多表示奇怪、惊讶语气。例如：

We've learned that the interrogative pronoun "怎么 zěnme" is used before a verb to ask about the manner of an action.（see lesson 5）The structure "怎么 zěnme + verb/adjective" is also used to ask about the reason for something, indicating surprise or astonishment. For example：

Subject	Predicate	
	zěnme 怎么	Verb / Adjective
Nǐ 你	zěnme 怎么	hái zài shuìjiào? 还 在 睡觉?
Zuótiān nǐmen 昨天 你们	zěnme 怎么	méi qù tī zúqiú? 没 去 踢足球?
Jīntiān 今天	zěnme 怎么	zhème rè? 这么 热?
Kǎixī 凯西	zěnme 怎么	bù gāoxìng? 不 高兴?

3. 程度副词 "有点儿"　The Adverbial Modifier "yǒu diǎnr"

"有点儿+形容词/动词"，一般表示说话人消极、不满的情绪。例如：

The structure "yǒu diǎnr + Adjective/Verb" indicates the speaker's negative mood or complaint. For example：

　　　　Wǒ tóu yǒu diǎnr téng.
（1）我头　有点儿　疼。

　　　　Nǐ sǎngzi yǒu diǎnr fāyán, hái yǒu diǎnr fāshāo.
（2）你 嗓子　有点儿　发炎，　还　有点儿　发烧。

　　　　Zhèr lí xuéxiào yǒu diǎnr yuǎn.
（3）这儿离 学校　　有点儿　远。

4. 主谓谓语句
Sentences with a Subject-Predicate Phrase as the Predicate

主谓谓语句中的谓语是一个主谓结构的短语。许多情况下，主语-谓语短语（主语₂）的主语所表示的人或物是整个句子（主语₁）的主语所表示的人或物的一部分。它的格式是：

In Chinese, there is such of a kind of sentence in which the predicate is a subject-predicate phrase. In many cases, the person or thing that the subject of the subject-predicate phrase (subject₂) denotes is a part of the person or thing denoted by the subject of the whole sentence (subject₁). The structure is：

全句主语+全句谓语　　Subject of the Sentence +Predicate of the Sentence
　　（主语+谓语）　　　　　　　（Subject + Predicate）

Subject₁	Predicate₁	
	Subject₂	Predicate₂
Wǒ 我	shēntǐ 身体	bú tài shūfu. 不 太 舒服。

Subject₁	Predicate₁	
	Subject₂	Predicate₂
Wǒ 我	tóu 头	yǒu diǎnr téng. 有点儿　疼。
Jīntiān 今天	tiānqì 天气	bù hǎo. 不 好。
Nǐ 你	nǎr 哪儿	bù shūfu? 不 舒服？

5. 用疑问代词的问句　Questions with an interrogative pronoun

如果提问的人对某个事实或者情况有比较肯定的估计，为了进一步得到证实，就可以用这种疑问句提问。"是不是"一般用在谓语前面，也可以用在句首或者句尾。例如：

If one raises a question and is somehow certain about a fact or situation, they can use this kind of question to confirm their guess. "shì bu shì" (literally "yes or no") is usually used before the predicate or at the beginning or end of a sentence. For example：

（1）
Nǐ shì bu shì shēngbìng le?
你 是不是　 生病　 了？

（2）
Nǐ jiào Kelsey Davis, shì bu shì ?
你 叫 Kelsey Davis，是 不 是？

（3）
Nǐ hěn shǎo shēngbìng, shì bu shì xǐhuan yùnyòng ?
你 很 少　 生病， 是 不 是 喜欢 运动？

6. 名词、量词的重叠 The Reduplication of Nouns，Measure words

一些名词和量词重叠后表示"全部""无一例外"或者"每一"的意思，常用来强调在某个范围内的每个成员都具有某种特征，后面一般用"都"。它们通常用作主语或定语修饰词，时间词重叠可用作状语。例如：

Some reduplicated nouns and measure words denote "all" "without exception" or "every/each", emphasizing that a specific feature is shared by every member in a certain group, usually followed by "dōu". They are often used as subjects or attributive modifiers, reduplicated time words can be used as adverbials. For example：

Subject	AA / NN	dōu 都……
Wǒ 我	tiāntiān. 天天	dōu yùndòng. 都　 运动。
Tóngxué men 同学们	gègè 个个	dōu hěn gāoxìng. 都 很 高兴。

Subject	AA / NN	dōu 都……
Zhè ge shāngdiàn de yīfu 这 个 商店 的 衣服	jiànjiàn 件件 (measure word of clothes)	dōu hěn piàoliang. 都 很 漂亮。

7. 代词 "每" The Pronouns "měi"

代词 "每" 的后边是量词，指全体中的任何一个或一组。比如：每天、每年、每个月、每个星期。例如：

The pronouns "měi" is used before a measure word, indicating each or every individual or group in the whole, for example, "měitiān" (every day), "měinián" (every year), "měi gè yuè" (every month), and "měi gè xīngqī" (every week). For example:

Měi xīngqī dōu pǎobù, dǎ lánqiú hé tī zúqiú.
（1） 每 星期 都 跑步，打 篮球 和 踢 足球。

Wǒ měitiān liù diǎn qǐchuáng.
（2） 我 每天 六 点 起床。

Dàwèi bàba māma méi nián dōu qù Zhōngguó lǚyóu.
（3） 大卫 爸爸 妈妈 每年 都去 中国 旅游 (to travel)。

8. 正反疑问句 V / A-not-V / A questions

疑问句也可以通过并列谓语主成分（动词或形容词）的肯定形式和否定形式来构成。

A question can also be formed by juxtaposing the affirmative and negative forms of the main element of the predicate (verb or adjective) in a sentence. For example:

$$\text{V / A} + \overset{\text{bù}}{\text{不}} + \text{V / A} + \text{O}$$

Subject	Predicate		
	Adverb	V / A 不 V / A	Object
Wǒ 我	hái 还	qù bu qù 去 不 去	yīyuàn? 医院？
Nǐmen 你们	dōu 都	rènshi bu rènshi 认识 不 认识	Kǎixī? 凯西？
Niè lǎoshī 聂 老师	xiànzài 现在	máng bu máng? 忙 不 忙？	
Lǐ Chéng 李成		shì bu shì 是 不 是	Zhōngguó rén? 中国 人？

对这类疑问句的回答可以是一个完整的句子（肯定句或否定句），也可以是主语或

宾语省略的句子。回答"是不是"开头的问句，可以用"是"（肯定的回答）或"不是"（否定的回答）来回答。

The response to such a question may be a complete sentence（affirmative or negative）or a sentence with its subject or object omitted. One may respond with "shì"（affirmative answer）or "bú shì"（negative answer）at the beginning of an answer to a "shì bu shì" question. For example：

（Nǐ）qù yīyuàn.	（Nǐ）bié qù yīyuàn.
（1）（你）去 医院。	（你）别 去 医院。
（Wǒmen）dōu rènshi（Kǎixī）.	（Wǒmen）dōu bú rènshi（Kǎixī）.
（2）（我们）都 认识（凯西）。	（我们） 都 不 认识（凯西）。
（Niè lǎoshī）xiànzài hěn máng.	（Niè lǎoshī）xiànzài bù máng.
（3）（聂 老师）现在 很 忙。	（聂 老师）现在 不 忙。

9. 状态补语　Complements of State

在汉语中，动词或形容词后面常跟一个补充或说明成分，这就是补语。补语有很多种，其中描述或评价动作或行为状态的补语称为状态补语。它通常由形容词或形容词短语充当，结构助词"得"用在动词和状态补语之间。

In Chinese, a verb or an adjective is often followed by a complementary or explanatory element, which is known as a complement. There are many kinds of complements, among which the one that describes or evaluates the state of an action or behavior is known as a modal complement. It is usually served by an adjective or an adjectival phrase with the structural particle "de" using between a verb and a modal complement.

表示否定时，要把否定词放在结构助词"得"的后边，它的否定形式是在状态补语前加"不"。

In the negative form, the negative word should be put after the structural particle "de". Its negative form is to use "bu" before a complement of state.

在这类句子中，如果动词后面有宾语，动词就需要重复，后面跟着"得"和一个状态补语。第一个动词常被省略。例如：

In this kind of sentence, if there is an object following the verb, the verb needs to be reduplicated and followed by "de" and a complement of state. The first verb is often omitted. For example：

（V+）　O＋V 得 de＋Adv.＋Adj.

Subject	Predicate		
	（V +）O	de V 得	bu Adv. + Adj. /不 Adj.
Nǐ 你		shuō de 说 得	bú cuò. 不 错。
Kǎixī 凯西	（shuō）Hànyǔ （说）汉语	shuō de 说 得	fēicháng hǎo. 非常 好。

Subject	Predicate		
	(V +) O	de V 得	bu Adv. + Adj. /不 Adj.
Tā jiějie 他 姐姐	(xiě) Hànzì （写）汉字	xiě de 写 得	hěn hǎo 很 好。
Wǒjiā 我 家		zhù de 住 (to live) 得	bú tài yuǎn. 不 太 远。
Wǒ 我	(shuì) jiào （睡）觉	shuì de 睡 得	yě zǎo. 也 早。
Niè lǎoshī 聂老师	(xué) Fǎyǔ （学）法语 （France）	xué de 学 得	zěnmeyàng? 怎么样？

状态补语的疑问形式是在结构助词"得"的后面使用"adj. + 不 + adj."，构成正反疑问句。例如：

In the interrogative form, "de" is followed by the structure "adj. + bu + adj.", forming an affirmative-negative sentence. For example:

Subject	Predicate		
	(V +) O	de V 得	bu Adj. +不 + Adj.
Nǐ 你		shuō de 说 得	duì bu duì? 对 不 对？
Kǎixī 凯西	(shuō) Hànyǔ （说）汉语	shuō de 说 得	hǎo bu hǎo?. 好 不 好？
Nǐ jiā 你家		zhù de 住 (to live) 得	yuǎn bu yuǎn? 远 不 远？
LǐChéng bàba 李成 爸爸	(shuì) jiào （睡）觉	shuì de 睡 得	zǎo bu zǎo? 早 不 早？

Note：

① 由形容词构成的补语通常在形容词前加"很"。这与形容词用作谓语的情况相似。例如："写得很好"。

A complement formed by an adjective is usually preceded by "hen". This is similar to the case in which the adjective is used as a predicate.

For example："xiě de hěn hǎo."

② 含有状态补语的句子侧重于补语。因此，它的问句形式和对应的答案通常都是针对补语的。它的否定形式是否定补语，而不是把"不"放在动词前面。因此，不能说"他不说得很好"。

A sentence containing a complement of state focuses on the complement. Therefore, both its question form and the corresponding answer are usually targeted at the complement. Its negative form is made by negating the complement rather than placing "bu" before the verb.

Hence, it is incorrect to say "tā bù shuō de hěn hǎo."

③ 在这类句子中，省略形式可以用来回答问题。例如：

In this kind of sentence, an elliptical form can be used to answer a question.

For example:

Question	Answer
Kǎixī Hànyǔ shuō de hǎo ma? 凯西　汉语　说　得好　吗?	Kǎixī Hànyǔ shuō de hěn hǎo. 凯西　汉语　说　得很　好。
	shuō de hěn hǎo. 说　得很　好。
	hěn hǎo. 很　好。

10. 结果补语　Complements of Result

在第三课、第五课和第六课，我们已经提到了结果补语"看懂""看见""找到"。一些动词或形容词可以放在动词后边，补充、说明动作的结果，他们叫作结果补语。

We have already mentioned complements of result "kàn dǒng" "kànjiàn" and "zhǎo dào" in lesson 3, lesson 5 and lesson 6. Some verbs or adjectives can be used after a verb to add remarks about the result of an action. They are called complements of result.

V　+　V／A	
kàn　dǒng 看　懂	to see and understand
kàn　jiàn 看　见	to see
zhǎo　dào 找　到	to find out
pǎo　wán 跑　完	to finish running
bìng　hǎo 病　好	get well

结果补语与动词紧密相连。在这两者之间不可能有别的词。助词"了"或任何宾语必须放在结果补语后面。

Complements of result are closely bound to verbs. There cannot be other words in between. The particle "le" or any objects must be placed behind the complements of result.

Subject	Predicate				
	Adv.	V + V / A (Complement)	le Pt "了"	Object	le Pt "了"
Wǒmen 我们		kàn dǒng 看 懂	le 了	càidān. 菜单。	
Wǒmen 我们	zuótiān hái 昨天 还	kàn jiàn 看 见		tā 他	le. 了。
Tā 他	bāng wǒmen 帮 我们	zhǎo dào 找 到	le 了	nǐ. 你。	
Wǒ 我		pǎo wán 跑 完			le. 了。
Kǎixī 凯西	shàng xīngqī 上 星期 (last week)	bìng hǎo 病 好	le. 了。		

在结果补语前加"没（有）"表示否定，句尾不能用"了"。例如：

"méi（yǒu）" is added before the verb to form the negative form of a complement of result, in which case "le" cannot appear at the end of the sentence. For example：

Subject	Predicate	
	méi（yǒu）+ V + Complements of result	Object
Wǒmen 我们	méiyǒu kàn dǒng 没有 看 懂	càidān. 菜单。
Wǒmen 我们	méi kàn jiàn 没 看 见	tā. 他。
Tā 他	méi zhǎo dào 没 找 到	nǐ. 你。
Wǒ 我	méi pǎo wán 没 跑 完	bù. （步）。

表示疑问时，常在句尾加上"（了）吗"或者"（了）没有"。例如：

To form a question, "（le）ma" or "（le）méiyǒu" is often added at the end of the sentence. For example：

Subject	Predicate	
	V + V / A (Complement)	le ma / maiyou ? Object +了 吗 / 没有 ?
Nǐmen 你们	kàn dǒng 看 懂	càidān le ma? 菜单 了 吗？
Nǐmen 你们	kàn jiàn 看 见	tā le méiyǒu? 他 了 没有？
Tā 他	zhǎo dào 找 到	Ruìqiū le méiyǒu? 瑞秋 了 没有？

Subject	Predicate	
	V + V／A （Complement)	le ma／maiyou ? Object ＋了 吗／没有？
Kǎixī 凯西	pǎo wán 跑 完	bù le ma? （步）了吗？

11. 动态助词"着"：动作或状态的持续

The Aspect Particle "zhe"：The continuation of an action or a state

动态助词"着"直接放在动词后面，表示动作或状态的延续。例如：

The aspect particle "zhe" is placed directly after a verb to express the continuation of an action or a state. For example：

Subject	Predicate		
	Adv. Verb	zhe 着	Object
Wàimian 外面	xià 下	zhe 着	xiǎoxuě. 小雪。
nǐ 你	bié lèi 别 累	zhe. 着。	
tāmen 他们	chuān 穿	zhe 着	hóngsè de yīfu. 红色 的 衣服。
sùshè de mén 宿舍 的 门 （door)	kāi 开 （to open)	zhe. 着。	

在动词前加"没"表示否定。例如：

In the negative form，"méi" is added before the verb. For example：

Subject	Predicate		
	méi 没 + V	zhe 着	Object
Wàimian 外面	méi xià 没 下	zhe 着	xiǎoxuě. 小雪。
nǐ 你	méi lèi 没 累	zhe. 着。	
tāmen 他们	méi chuān 没 穿	zhe 着	hóngsè de yīfu. 红色 的 衣服。
sùshè de mén 宿舍 的 门	méi kāi 没 开	zhe. 着。	

在句末加"吗"或者"没有"表示疑问。例如：

In the interrogative form "ma" or "méiyǒu" is added at the end of the sentence. For example：

Subject	Predicate			
	Adv. Verb	zhe 着	Object	ma/meiyou? 吗／没有?
Wàimian 外面	xià 下	zhe 着	xiǎoxuě 小雪	ma? 吗?
nǐ 你	lèi 累	zhe 着		ma? 吗?
tāmen 他们	chuān 穿	zhe 着	hóngsè de yīu 红色 的 衣服	méiyǒu? 没有?
sùshè de mén 宿舍 的 门	kāi 开	zhe 着		méiyǒu? 没有?

在连动句中，除了强调句子中的两个动作是同时发生的以外，"V+着"结构常用来表示第二个动词所表达的动作的方式。例如：

When used in a sentence with serial verb phrases, in addition to emphasizing that the two actions in the sentence are happening simultaneously, the construction "V+zhe" is often used to indicate the manner of the action expressed by the second verb. For example：

$$S + Adv. + V_1 着^{zhe} O + V_2 O$$

Subject	Predicate		
	Time Word /Adverb.	Verb₁着（Object)	Verb₂（Object)
Wǒ péngyou 我 朋友		xiàozhe 笑 着	shuō...... 说......
Tāmen 他们	shàngwǔ 上午	qí zhe zìxíngchē 骑 着 自行车	qù túshūguǎn. 去 图书馆。
Niè lǎoshī 聂 老师	xiàkè hòu 下课 后	dài zhe dànbāofàn 带 着 蛋包饭 （omelet rice)	kàn Kǎixī. 看 凯西。

12. 表示时间：……的时候　"……de shíhou" Indicating Time

"数量+的时候"表示时间。例如：

"Num-M + de shíhou" indicates time. For example：

Num-M	de shíhou 的 时候	Subject + Predicate
Jīntiān zǎoshang bā diǎn 今天 早上 八点	de shíhou 的 时候	wǒ méi zài jiā. 我 没 在 家。
Wǒ shíbā suì 我 十八 岁	de shíhou 的 时候	hé bàba yìqǐ lái Běijīng de. 和 爸爸 一起 来北京 的。

Num–M	de shíhou 的 时候	Subject + Predicate
Niè lǎoshī jīnnián qīyuè 聂 老师 今年 七月	de shíhou 的 时候	qù Déguó xuéxí le. 去 德国 学习 了。

"动词+的时候"也表示时间。例如：

"V + de shíhou" also indicates time. For example：

Verb	de shíhou 的 时候	Subject + Predicate
Zuótiān zǎoshang pǎobù 昨天 早上 跑步	de shíhou, 的 时候,	nǐ kěnéng zháoliáng le. 你 可能 着凉 了。
Wǒ shuìjiào 我 睡觉	de shíhou, 的 时候,	wǒ māma zài zuòfàn. 我 妈妈 在 做饭。
Lǐ Chéng dào xuéxiào 李成 到 学校	de shíhou 的 时候	xiàyǔ le. 下雨 了。

13. 用介词"比"表示比较
Making comparisons by using the preposition "比 bǐ"

介词"比"可以用来比较两个事物的性质和特点。"比"及其宾语构成介词短语，通常用于形容词谓语句中放在形容词前面。例如：

The preposition "bǐ" may be used to compare the qualities and characteristics of two things. "bǐ" and its object form a prepositional phrase and are often placed before the adjective in a sentence with an adjectival predicate. For example：

$$S \ +比 \ + \ N/Pr \ + \ A$$

Subject	Predicate		
	bǐ 比	N / Pr	Adj.
zuótiān 昨天	bǐ 比	jīntiān 今天	lěng. 冷。
Tā 他	bǐ 比	tā mèimei 他妹妹	gāo. 高。
Zuò chūzūchē 坐 出租车	bǐ 比	zuò gōnggòng qìchē 坐 公共汽车	kuài. 快。
Zhèr de jīdàn 这儿 的 鸡蛋	bǐ 比	shāngdiàn lǐ de jīdàn 商店 里 的 鸡蛋	piányi. 便宜。

"比"字句的否定形式可以用"A 没有 B……"表示。例如：

"A méiyǒu B……" is the negative form of a "bǐ" sentence. For example：

Subject	Predicate		
	méiyǒu 没有	N / Pr	Adj.
Zuótiān 昨天	méiyǒu 没有	jīntiān 今天	lěng. 冷。
Tā 他	méiyǒu 没有	tā mèimei 他妹妹	gāo. 高。
Zuò chūzūchē 坐 出租车	méiyǒu 没有	zuò gōnggòng qìchē 坐 公共汽车	kuài. 快。
Zhèr de jīdàn 这儿 的 鸡蛋	méiyǒu 没有	shāngdiàn lǐ de jīdàn 商店 里 的 鸡蛋	piányi. 便宜。

副词"不"放在"比"前面形成比较句的否定形式。"A 不比 B +形容词"的意思是"B 比 A+形容词"或者"A 跟 B 一样"。例如:

The adverb "bù" is placed before "bǐ" to form a negative comparative sentence. "A bù bǐ B + Adj." means "A is antonym of x (comparative form) + than B" or "A is as + x / antonym of x + as B". For example:

Tā bù bǐ wǒ gāo.

他 不 比 我 高。(meaning "I am taller than him" or "he is as tall as me")

Zuótiān bù bǐ jīntiān lěng.

昨天 不比 今天 冷。

(meaning "today is much colder than yesterday" or "yesterday is as cold as today")

Note:

①助动词和副词必须放在"比"之前。例如:

The auxiliary verbs and adverbs must be placed before "bǐ". For example:

Nǐ kěnéng bǐ wǒ máng.

你 可能 比 我 忙。

Zuò chūzūchē dāngrán bǐ zuò gōnggòng qìchē kuài.

坐 出租车 当然 比 坐 公共汽车 快。

②副词"很、真、非常"不能用在带"比"形容词谓语句的形容词之前。

例如,不能说"他比我很忙"。

The adverbs "hěn" "zhēn" "fēicháng" cannot be used before the adjective in a "bǐ" sentence with an adjectival predicate. For example, "tā bǐ wǒ hěn máng" is incorrect.

介词"比"及其宾语可以放在动词前面,表示句子中与动词谓语的比较。如果动词带状态补语,"比"可以放在动词前,也可放在补语前。

The preposition "bǐ" with its object may be placed before a verb to express comparison in a sentence with a verbal predicate. If a verb takes a complement of state, "bǐ" can be put before the verb or the complement. For example:

$$S + (N) + \underset{比}{bǐ} + N/Pr + V \underset{得}{de} Adj.$$

Subject	Predicate			
	N	bǐ 比	N / Pr	V + de + Adj.
Dàwèi 大卫	Hànyǔ 汉语	bǐ 比	Kǎixī 凯西	shuō de hǎo. 说 得 好。
Tā 他		bǐ 比	tā mèimei 他 妹妹	pǎo de kuài. 跑 得 快。
Lǐ Chéng 李成	zúqiú 足球	bǐ 比	tā péngyou 他 朋友	tī de hǎo. 踢 得 好。
Wǒmen 我们		bǐ 比	Tāmen 他们	chī de duō. 吃 得 多。

$$S \; + \; (\,N\,) \quad V \stackrel{de}{得} + \stackrel{bǐ}{比} + N\,/\,Pr \; + \; Adj.$$

Subject	Predicate				
	N	V + de	bǐ 比	N / Pr	Adj.
Dàwèi 大卫	Hànyǔ 汉语	shuō de 说 得	bǐ 比	Kǎixī 凯西	hǎo. 好。
Tā 他		pǎo de 跑 得	bǐ 比	tā mèimei 他 妹妹	kuài. 快。
Lǐ Chéng 李成	zúqiú 足球	tī de 踢 得	bǐ 比	tā péngyou 他 朋友	hǎo. 好。
Wǒmen 我们		chī de 吃 得	bǐ 比	Tāmen 他们	duō. 多。

14. 数量补语 The complement of quantity

在带"比"形容词谓语句中，谓语的主要成分后面可以用量词补语（数量短语）来表达两个事物或人之间的具体区别。

In a "bǐ" sentence with an adjectival predicate, the complement of quantity (a numeral-measure word phrase) can be used after the main element of the predicate to express specific differences between two things or persons.

要表达事物之间的差别时，用具体数量表示具体差别，用"一点儿""一些"表示差别不大，用"多了""得多"表示差别大。例如：

When describing the difference between things, a specific number is used or specify the difference, "yì diǎnr" or "yì xiē" indicates the difference is slight, and "duō le" or "de duō" indicates the difference is significant. For example：

bǐ

比 +N ／ Pr+A+Numeral-measure word phrase

Subject	Predicate			
	bǐ 比	N ／ Pr (the object of comparison)	Adj. (aspect of comparison)	Numeral-measure word phrase (the result of comparison)
zuótiān 昨天	bǐ 比	jīntiān 今天	lěng 冷	de duō. 得多。
Tā 他	bǐ 比	tā mèimei 他 妹妹	gāo 高	yì diǎnr. 一点儿。
Zuò chūzūchē 坐 出租车	bǐ 比	zuò gōnggòng qìchē 坐　公共汽车	kuài 快	20 fēnzhōng. 20分钟（minute）。
Zhèr de jīdàn 这儿 的 鸡蛋	bǐ 比	shāngdiàn lǐ de jīdàn 商店　里 的 鸡蛋	piányi 便宜	3 kuài qián. 3 块　钱。

15. 动作即将发生："要……了"

An action that is going to take place soon："yào……le"

"要/快要/就要/快……了"表示某一行动或情况即将发生。副词"要"表示"将要"。"就"或"快"可用在"要"前面作为副词来表示紧急。在这类句子中主语常可省略。例如：

"yào ／ kuài yào ／ jiù yào ／ kuài……le" indicates that an action or situation is going to take place soon. The adverb "yào" indicates "be going to" or "will". "jiù" or "kuài" can be used in front of "yào" as an adverbial to indicate urgency. The subject can often be omitted in this type of sentences. For example：

Subject	Predicate		
	yào ／ kuài yào ／ jiù yào ／ kuài 要 ／ 快要 ／ 就要 ／ 快	V (+ O)	le 了
	yào 要	xiàyǔ 下雨	le. 了。
Wǒmen 我们	jiù yào 就 要	Hànzì kǎoshì 汉字　考试	le. 了。
Wǒ hé Lǐ Chéng 我 和 李成	kuài yào 快 要	dào xuéxiào 到　学校	le. 了。

如果句子中有时间状语，只能用"要/就要……了"。例如：

If there is an adverbial of time in the sentence, then only "yào ／ jiù yào……le" can be used. For example：

Adverbial of Time	Subject	Predicate		
		yào / jiù yào 要 / 就要	V (+ O)	le 了
Xiànzài 现在		yào 要	xiàyǔ 下雨	le. 了。
Míngtiān 明天	Wǒmen 我们	jiù yào 就 要	Hànzì kǎoshì 汉字 考试	le. 了。
Xià ge yuè 下个月	Ruìqiū 瑞秋	jiù yào 就 要	huíguó 回 国	le. 了。

这类句子只要在句尾加上"吗"就可以变成问句。否定副词"没有"或"还没有呢"可以构成否定回答。例如：

This type of sentence can be transformed into a question simply by adding "ma" at the end. A negative response can be formed by using the negative adverb "méiyǒu" or "hái méiyǒu ne". For example：

```
                    chē      yào kāi         le ma
(1) A：火 Huǒ 车 (train) 要 开 (to set off) 了 吗？
        méiyǒu
    B：没 有 。
        Wǒmen jiù yào dào Běijīng le ma
(2) A：我 们 就 要 到 北 京 了 吗？
        Hái méiyǒu ne
    B：还 没 有 呢 。
```

16. 兼语句 Pivotal Sentences

兼语句也是一个动词谓语句。它的谓语由两个动词短语组成。第一个动词的宾语也是第二个动词的主语。兼语句中的第一个动词应该是"使"或"命令"某人做某事的动词，如"叫""让"或者"请"。例如：

The pivotal sentence is also a sentence with a verbal predicate. Its predicate is composed of two verbal phrases. The object of the first verb is also the subject of the second verb. The first verb in a pivotal sentence should be a verb with the meaning of "making" or "ordering" somebody to do something, such as "jiào (to ask)" "ràng (to let)" or "qǐng (to invite)". For example：

Subject₁	Predicate₁		
	Verb₁	Object₁ (Subject₂)	Verb₂ Object₂
Wǒ 我	ràng 让	Dàwèi 大卫	gàosù lǎoshī. 告诉 老师。
Wǒ 我	ràng 让	Lǐ Chéng 李成	bāng nǐ liànxí Hànzì. 帮 你 练习 汉字。

Subject₁	Predicate₁		
	Verb₁	Object₁（Subject₂）	Verb₂ Object₂
Niè lǎoshī 聂老师	jiào 叫	Wǒmen 我们	dào sùshè hòu gěi tā dǎ diànhuà. 到 宿舍 后　给她打　电话。
Nǐ jiějie 你姐姐	qǐng 请	tāmen 他们	chī fàn ma? 吃 饭 吗？

17. 介词"对" The Preposition "duì"

介词"对"可以表示人和人、人和事物、事物和事物之间的对待关系。例如：

The preposition "duì" can indicate a subject-target relation between people or things. For example：

Subject	Predicate		
	duì 对	Object	Verb / Adjective.
Hē rèshuǐ 喝 热水	duì 对	shēntǐ 身体	hěn hǎo. 很 好。
Niè lǎoshī 聂老师	duì 对	wǒmen 我们	fēicháng hǎo. 非常　好。
Kàn zhōngwén diànyǐng 看 中文　电影 (film)	duì 对	xué Hànyǔ 学汉语	yǒu bāngzhù. 有 帮助。

18. 概数的表达：几、多

"jǐ" and "duō" expressions of approximate numbers

"几"可以表示10以内的不定个数，后边要有量词。例如：

"jǐ" can indicate an indefinite number less than 10, followed by a measure word. For example：

jǐ 几	Measure Word	Noun
jǐ 几	gè 个	rén 人
jǐ 几	jiàn 件 (measure word for clothes)	yīfu 衣服
jǐ 几	běn 本 (measure word for book)	shū 书 (book)

Shāngdiàn lǐ yǒu jǐ gè rén.

（1）商店　里 有 几个人。

Wǒ xiǎng mǎi jǐ běn shū.

（2）我 想 买几本书。

Nǐ qù bu qù mǎi jǐ jiàn xīn yīfu?

（3）你 去不去 买几件 新（new）衣服？

"几"可以用在"十"之后，表示大于 10 小于 20 的数字，如：十几个人；也可以用在"十"之前，表示大于 20 小于 100 的数字，如：几十个人。

When "jǐ" is used after "shí", it indicates a number greater than 10 but less than 20, for example, "shí jǐ gè rén"（a dozen people or so）; when used before "shí", it indicates a number greater than 20 while less than 100, for example, "jǐ shí gè rén"（dozens of people）.

"多"与数量词搭配使用，数词是 10 以下的数字时"多"用在量词之后。

"duō" can be used together with numeral-measure word phrases. When the numeral is less than 10, "duō" should be put behind the measure word.

Number	Measure Word	duō 多	Noun
sān 三	gè 个	duō 多	xīngqī 星期
wǔ 五	nián 年	duō 多	
liù 六	gè 个	duō 多	yuè 月

数词是 10 以上的整数时"多"用在量词前，"多"和"几"可通用。

When the numeral is an integer greater than 10, "duō" is put before the measure word, "duō" and "jǐ" are interchangeable.

Number	duō 多	Measure Word	Noun
shí 十	duō 多	gè 个	yuè 月
liùshí 六十	duō 多	kuài 块	qián 钱
bāshí 八十	duō 多	gè 个	rén 人

19. 反问句"不是……吗"
The Rhetorical Question "bú shì……ma"

有些疑问句实际上不是用来提问的，而是用来强调某些明显的原因或事实。结构"不是……吗"强调肯定，表示提醒或表达说话人的不理解、不满等。例如：

Some interrogative sentences are actually not used to ask questions, but to emphasize certain obvious reasons or facts. The construction "bú shì……ma" is used to emphasize an affirmation, used to remind someone of something or to show confusion or dissatisfaction. For example：

	Nǐ bú shì shēngbìng le ma？	shì shēngbìng le
（1）	你 不是 生病 了吗？	（是 生病 了）
	Nǐ bú shì Chóngqìng rén ma？	shì Chóngqìng rén
（2）	你 不是 重庆 人 吗？	（是 重庆 人）
	Dawei bú shì xǐhuan chī huǒguō ma？	shì xǐhuan chī huǒguō
（3）	大卫 不是 喜欢 吃 火锅 吗？	（是 喜欢 吃 火锅 ）

20. 语气助词 "呢"　The Modal Particle "ne"

用于陈述句尾，可用在形容词谓语句和动词谓语句后边，表示确认事实，使对方信服，含有夸张的语气。例如：

It is used at the end of a declarative sentence or after a sentence with an adjectival or verbal predicate to confirm a fact and convince someone in an exaggerative mood. For example：

Wǒ hái yǒu hǎo duō Hànzì bú huì xiě ne.

（1） 我 还 有 好 多 汉字 不会 写 呢。

Yīyuàn lí wǒmen zhèr hái yuǎn ne.

（2） 医院 离 我们 这儿 还 远 呢。

Zuò gōnggòng qìchē yào yí gè duō xiǎoshí ne！

（3） 坐 公共汽车 要 一个 多小时（hour）呢！

21. 副词 "就"　The Adverb "jiù"

"就+动词"表示承接上文，得出结论。例如：

The structure "jiù + verb" indicates a conclusion or a resolution made on the basis of what's been mentioned previously. For example：

Nǐ dōu fāshāo le, jiù zài sùshè xiūxi ba.

（1） 你 都 发烧 了，就 在 宿舍 休息 吧。

Zhèr de kāfēi bú cuò, jiù hē kāfē ba.

（2） 这儿的 咖啡 不错，就 喝 咖啡 吧。

Nǐ bù xiǎng qù, jiù zài jiā xiūxi ba.

（3） 你 不想 去，就 在 家 休息 吧。

22. "是……的"：强调实施者

The Structure "shì……de"：emphasizing the agent of an action

在已经知道事情发生的情况下，可用"是……的"强调动作的发出者。例如：

When the occurrence of an action is known, "shì……de" can be used to emphasize the agent of the action. For example：

Object	shì 是	who	Verb	de 的
	shì 是	sòng Kǎixī 送 凯西	qù 去	de. 的。

Object	shì 是	who	Verb	de 的
Diànhuà 电话	shì 是	shéi 谁	dǎ 打	de? 的？
	shì 是	Niè lǎoshī 聂 老师	dǎ 打	de. 的。
Zhè běn shū 这本书	shì 是	wǒ 我	mǎi 买	de. 的。

否定形式在"是"的前边加"不"。例如：

In the negative form，"bù" is added before "shì". For example：

Object	bú shì 不是	who	Verb	de 的
	bú shì 不是	wǒ 我	qù kànbìng 去 看病	de. 的。
Diànhuà 电话	bú shì 不是	Lǐ Chéng 李成	dǎ 打	de. 的。
Zhè ge Hànzì 这 个 汉字	bú shì 不是	Dàwèi 大卫	xiě 写	de. 的。
Zhè běn shū 这 本 书	bú shì 不是	Ruìqiū 瑞秋	mǎi 买	de. 的。

四、文化知识 Cultural Note

中医和中草药
Traditional Chinese Medicine and Chinese Herbal Medicine

中国有自己的传统医学，也就是中医。它有着悠久的历史，与西医不同，它是以中国传统哲学为基础的。其主要诊断方法是观察、聆听、询问和触摸，使用中药和针灸来治疗疾病。

China has its own traditional medical science, that is, Chinese medicine. With a long history and different from Western medicine, it is based on the traditional Chinese philosophy. Its major diagnosis methods are watching, hearing, asking and touching. Chinese herbal medicine is used and acupuncture and moxibustion are operated to cure diseases.

中草药在中医实践中应用，有几千年的历史。据传说，古代有一位名叫神农的皇帝（"Holy Farmer"）为了给人们治病，试验了多种草药。中草药不同于现代西药，它基本上不使用人工合成的化学物质，而是直接从天然物质中提取。

Chinese herbal medicine is used in traditional Chinese medical practice, which has a history of thousands of years. According to legend, an emperor of remote antiquity called Shennong（"Holy Farmer"）experimented with many types of herbs in order to find cures for the people. Traditional Chinese herbal medicine differs from modern Western medicine in that it basically does not use artificially created chemicals but is directly extracted from natural substances.

根据其来源，中药可分为三类。第一种是从植物中提取的药物。第二种是从动物中提取的药物，包括它们的器官和分泌物。第三种是来自矿物的药物。中医可以有效地预防和治疗许多疾病。随着中药现代化的推进，这一人类共同的财富将被世界上更多的人所使用。

Traditional Chinese remedies can be divided into three categories, according to their sources. The first are the medicines from plants. The second are the medicines from animals, including their organs and secretions. The third are the medicines from mineral sources. Traditional Chinese medicine can be effective to prevent and cure many diseases. With the advancement of modernization of Chinese herbal medicine, this common wealth of mankind will be used by more people in the world.

第八课

Lǚyóu
旅游 Travelling

David's family will come to China again for travelling. His classmates and Chinese friend will invite them to dinner. This is the way in which we will summarize and review of the major grammatical points covered in the previous lessons.

With this review you will find that you have learned so many Chinese sentence patterns. Please keep working hard!

一、课文 Text

课文一

Scene：David's family will come to China again. David is talking with Rachel excitedly.

Dàwèi
大卫：
Wǒ bàba、māma、gēge hé dìdi zuò fēijī lái Chóngqìng le.
我 爸爸、妈妈、哥哥和弟弟 坐飞机 来 重庆 了。
Xiànzài yǐjīng chū Déguó le.
现在 已经 出 德国 了。

Ruìqiū
瑞秋：
Fēijī jǐdiǎn dào?
飞机几点到?

Dàwèi
大卫：
Míngtiān shàngwǔ 9 diǎn 20 fēn,
明天 上午 9点 20分,
háiyǒu èrshí duō xiǎoshí tāmen jiù néng kànjiàn wǒ le.
还有 二十多 小时 他们 就 能 看见 我了。
Wǒ míngtiān qù jīchǎng jiē tāmen.
我 明天 去 机场 接 他们。

Ruìqiū
瑞秋：
Tāmen shì lái Zhōngguó lǚyóu de ma?
他们 是来 中国 旅游 的 吗?

Dàwèi 大卫:	Duì a. qùnián tāmen zài Běijīng zhù le jǐtiān,
	对啊。去年 他们 在北京 住了几天,
	dàjiā dōu wánr de fēicháng kuàilè. Wǒ māma mǎi le xīn de shǒubiǎo,
	大家 都 玩儿得 非常 快乐。我 妈妈 买了新的 手表,
	wǒ bàba mǎi le liǎng běn Hànyǔ shū.
	我 爸爸买了两 本 汉语 书。
Ruìqiū 瑞秋:	Nǐ bàba yě huì shuō Hànyǔ?
	你爸爸也会说 汉语?
Dàwèi 大卫:	Wǒ bàba gōngsī yǒu hěnduō Zhōngguó rén.
	我 爸爸 公司 有 很多 中国人。
	Tā shàngbān de shíhou, huì gēn Zhōngguórén shuō Hànyǔ.
	他 上班 的时候,会跟 中国人 说 汉语。
	Gōngzuò bù máng de shíhou, tā xǐhuan dú zhōngwén bàozhǐ、zuò zhōngguó cài、
	工作 不 忙 的时候,他喜欢 读 中文 报纸、 做 中国 菜、
	tīng zhōngwén gē.
	听 中文 歌。
Ruìqiū 瑞秋:	Nǐ bàba Hànyǔ shuō de yídìng bǐ nǐ hǎo.
	你爸爸 汉语 说 得 一定 比你好。
Dàwèi 大卫:	Wǒ juéde tā yǐjīng shì zhōngguórén le.
	我 觉得 他已经 是 中国人 了。

English Version

David： *My father, mother, elder brother and young brother come to Chongqing by plan. It's out of Germany now.*

Rachel： *What time does the plane arrive?*

David： *Tomorrow at 9：20 a. m. They'll be able to see me in about more than twenty hours. I'll pick up them at the airport tomorrow.*

Rachel： *Do they come to China for travelling?*

David： *Right. Last year they lived several days in Beijing. Everybody played very happy. My mom bought a new watch, my dad bought two Chinese books.*

Rachel： *Can your father also speak Chinese?*

David： *My father's company has many Chinese people. He will speak Chinese to Chinese people when he is at work. When the work is not busy, he likes to read Chinese newspaper, cook Chinese dishes, listen to Chinese songs.*

Rachel： *Your father surely speak Chinese better than you.*

David： *I think he's already Chinese.*

生词 *New Words*

| 1 | 爸爸 | bàba *n.* father | 18 | 旅游 | lǚyóu *n.* to travel, to take a trip |

2	妈妈	māma *n.* mother	19	去年	qùnián *n.* last year
3	哥哥	gēge *n.* elder brother	20	住	zhù *v.* to live, to stay
4	弟弟	dìdi *n.* young brother	21	大家	dàjiā *pron.* all, everybody
5	飞机	fēijī *n.* airplane	22	玩儿	wánr *v.* to play, to have fun
6	出	chū *v.* to come, to go out	23	快乐	kuàilè *adj.* happy, glad
7	上午	shàngwǔ *n.* morning, before noon	24	新	xīn *adj.* new
8	小时	xiǎoshí *n.* hour	25	手表	shǒubiǎo *n.* watch
9	机场	jīchǎng *n.* airport	26	两	liǎng *num.* two
10	本	běn *m.* a measure word for books	27	做	zuò *v.* to make, to produce
11	书	shū *n.* book	28	菜	cài *n.* dish, cuisine
12	公司	gōngsī *n.* company, film	29	听	tīng *v.* to listen
13	上班	shàngbān *v.* to work, to do a job	30	歌	gē *n.* song
14	工作	gōngzuò *v. /n.* to work, to do job	31	一定	yídìng *adv.* definitely, certainly
15	忙	máng *adj.* busy	专有名词 Proper Words		
16	读	dú *v.* to read		重庆	Chóngqìng *n.* a city name
17	报纸	bàozhǐ *n.* newspaper		北京	Běijīng *n.* capital of China

Scene：*David and his family were travelling in China and just went back by train.*

Dàwèi
大卫：
Nǐ yǒu shíjiān ma? Wǒ xiǎng ràng nǐ bāng wǒmen mǎi jǐ zhāng
你 有 时间 吗? 我 想 让 你 帮 我们 买 几 张
diànyǐng piào.
电影 票。

Kǎixī
凯西：
Méi wèntí. Děng wǒ wǔ fēnzhōng. Wǒ zài zuò Hànyǔ tí ne.
没 问题。等 我 五 分钟。 我 在 做 汉语 题 呢。
shàng yǒu yì zhī xiǎogǒu zěnme huídá? Zhè ge tí shì shénme yìsi?
"＿＿＿＿上 有 一只 小狗。"怎么 回答? 这个 题 是 什么 意思?

Dàwèi
大卫：
Zhuōzi, yǐzi dōu kěyǐ. Yìsi shì
桌子、椅子 都 可以。意思 是 "There is a little dog in the ＿＿＿."。
zhè gè zì shì "mén".
这 个 字 是 "门"。

Kǎixī
凯西：
Xièxie nǐ. Wǒ kāi diànnǎo le. Nǐmen yào mǎi jǐ zhāng?
谢谢 你。我 开 电脑 了。你们 要 买 几 张?

Dàwèi
大卫：
Sì zhāng.
四 张。

Kǎixī
凯西：
Bú shì wǔ zhāng ma?
不 是 五 张 吗?

Dàwèi
大卫：
Wǒ bú qù le. Zuò huǒchē méiyǒu zuò fēijī, zuò chuán shūfu.
我 不 去 了。坐 火车 没有 坐 飞机、坐 船 舒服。
Wǒ zuótiān wǎnshang méi shuì hǎo. Yǎnjing hěn bù shūfu.
我 昨天 晚上 没 睡 好。 眼睛 很 不 舒服。

Kǎixī　Wǒ juéde zuò huǒchēhěn yǒu yìsi.　Wǒ xǐhuan zài huǒchē shàng
凯西：　chī dōngxi.
　　　　我　觉得 坐 火车　很 有意思。我　喜欢　在 火车　上　吃 东西。
　　　　Wǒ huì dài hěnduō shuǐguǒ, píngguǒ, xīguā dōu hěn hǎochī.
　　　　我　会 带　很 多　水果，苹果、西瓜 都　很　好吃。
　　　　Shàngcì wǒ hái gēn Zhōngguó de yìjiārén chàng Zhōngwén gē ne.
　　　　上次　我 还 跟　中国　的 一家人　唱　中文　歌 呢。
　　　　Nà wèi xiānshang hé tā de háizi Zhōngwén gē chàng de tài hǎotīng le.
　　　　那 位　先生　和 他的 孩子　中文　歌　唱　得 太 好听　了。

Dàwèi　Huǒchē shàng tāmen shuōhuà de shēngyīn tài dà le.
大卫：　火车　上　他们　说话　的　声音　太 大了。
　　　　Wǒ hǎo lèi, wǒ qù shuìjiào le.
　　　　我 好 累，我 去 睡觉 了。

Kǎixī　Xiànzài shì zhōngwǔ a. Zúqiú bǐsài yào kāishǐ le, nǐ bú kàn diànshì le
凯西：　ma ?
　　　　现在　是　中午　啊。足球 比赛 要 开始 了，你 不 看　电视 了吗？

English Version

David：　Do you have time? I'd like you to help us buy some movie tickets.

*Kelsey：　No problem. Waiting for me in five minutes. I'm doing Chinese question. How
to answer "_____ shàng yǒu yì zhī xiǎogǒu." What does this question
mean ?*

*David：　"zhuōzi, yǐzi" both are OK. It means "there is a little dog in the
_____." This Chinese character is "mén".*

Kelsey：　Thank you. I turned on my computer. How many tickets do you want ?

David：　Four.

Kelsey：　Isn't it five ?

*David：　I'm not coming. Taking train is not as comfortable as taking plane and boat. I
didn't sleep well last night. The eyes are very uncomfortable.*

*Kelsey：　I think taking train is very interesting. I like to eat things on the train. I will
bring a lot of fruit. Apples and watermelons are very delicious. Last time I sang
Chinese songs with a family in China. That gentleman and his children sang
Chinese so well.*

David：　They talked too loudly on the train. I'm so tired. I'm going to bed.

Kelsey：　It's noon. The football match is about to start. Don't you watch TV ?

生词 *New Words*

1	时间	shíjiān *n.* time	18	回答	huídá *v.* to answer
2	电影	diànyǐng *n.* film, movie	19	意思	yìsi *n.* meaning
3	票	piào *n.* ticket		有意思	yǒu yìsi *adj.* interesting

4	分钟	fēnzhōng *n.* minute	20	桌子	zhuōzi *n.* desk, table
5	题	tí *n.* question, problem	21	椅子	yǐzi *n.* chair
6	只	zhī *v.* used for certain animals	22	门	mén *n.* door, gate
7	狗	gǒu *n.* dog	23	开	kāi *v.* to open, to drive
8	电脑	diànnǎo *n.* computer	24	唱	chàng *v.* to sing
9	张	zhāng *m.* used for flat objects such as paper, photos, tickets etc.	25	先生	xiānsheng *n.* Mr., sir
10	船	chuán *n.* boat, ship	26	孩子	háizi *n.* child, kid
11	眼睛	yǎnjing *n.* eye	27	好听	hǎotīng pleasant to hear
12	东西	dōngxi *n.* thing, stuff	28	声音	shēngyīn *n.* sound, voice
13	水果	shuǐguǒ *n.* fruit	29	大	dà *adj.* big, (of voice) loud, (of age) old
14	苹果	píngguǒ *n.* apple	30	中午	zhōngwǔ *n.* noon
15	西瓜	xīguā *n.* watermelon	31	比赛	bǐsài *n.* match, competition
16	好吃	hǎochī *adj.* delicious, yummy	32	开始	kāishǐ *v.* to begin, to start
17	一家人	yìjiārén one family	33	电视	diànshì *n.* television

课文三

Scene: David's classmates Rachel, Kelsey and his Chinese friend
Lǐ Chéng are inviting David's family to dinner.

Dàwèi 大卫:	Wǒ jièshào yíxià. Zhè shì wǒ bàba, māma, zhè shǐ wǒ gēge hé dìdi. 我 介绍 一下。这 是 我 爸爸、妈妈，这 是 我 哥哥和弟弟。 Zhè shì wǒ tóngxué Ruìqiū hé Kǎixī. 这 是 我 同学 瑞秋 和 凯西， Zhè shì wǒmen Zhōngguó péngyou, Lǐ Chéng. 这是 我们 中国 朋友，李成。
Kǎixī 凯西:	Dàwèi, nǐ gēge hé dìdi dōu bǐ nǐ gāo a！ 大卫，你 哥哥和弟弟都 比你 高 啊！
Dàwèi 大卫:	Wǒ shuō guò wǒ búshì wǒmen jiā zuì gāo de. 我 说 过我 不是 我们 家 最 高 的。
Dàwèi bàba 大卫爸爸:	Xièxie nǐmen qǐng wǒmen lái Chóngqìng fànguǎn chī fàn. 谢谢 你们 请 我们 来 重庆 饭馆 吃饭。
Lǐ Chéng 李成:	Nín bié kèqi. 您 别 客气。 Chóngqìng cài fēicháng là, bù zhīdao nǐmen néng bu néng chī? 重庆 菜 非常 辣，不知道 你们 能 不 能 吃？
Dàwèi 大卫:	Wǒmen jiā zuì xǐhuan chī là de. 我们 家 最 喜欢 吃 辣的。
Ruìqiū 瑞秋:	Wǒ hái diǎn le Dàwèi xǐhuan chī de Mù'ěr chǎo Shānyào. 我 还 点 了 大卫 喜欢 吃 的 木耳炒山药。 Hēisè de shì Mù'ěr, báisè de shì Shānyào. 黑色的 是 木耳，白色的 是 山药。

Dàwèi	Xièxie Ruìqiū.
大卫:	谢谢 瑞秋。
	(After dinner, David's family will go to Xi'an by train.)
Lǐ Chéng	Jīntiān qíngtiān, tiānqì zhème hǎo.
李成:	今天 晴天, 天气 这么 好。
	Wǒ kāi chē sòng nǐmen qù huǒchēzhàn ba.
	我 开 车 送 你们 去 火车站 吧。
Dàwèi	Bú yòng le. Wǒmen dǎ chē qù huǒchēzhàn.
大卫:	不 用 了。我们 打车 去 火车站。
Lǐ Chéng	Bié kèqi. Wǒ de chē jiù zài pángbian, xǐ guò de nà ge chē.
李成:	别 客气。我 的 车 就 在 旁边, 洗过 的 那个 车。
	Nǐ kàn, qiánmian zuò yí gè rén, hòumian kěyǐ zuò bā gè rén ne.
	你看, 前面 坐 一个人, 后面 可以 坐 八个人 呢。
Dàwèi	Shì shéi shuō nǐ de chē xiǎo de ?
大卫:	是 谁 说 你的车 小 的?

English Version

David:	Let me introduce. This is my father, mother, this is my elder brother and young
	brother. This is my classmates Rachel and Kelsey, this is our Chinese friend, Li
	Cheng.
Kelsey:	David, both your elder brother and young brother are taller than you.
David:	I told you I wasn't the tallest in my family.
David's father:	Thanking you for inviting me to dinner at Chongqing restaurant.
Li Cheng:	You're welcome. Chongqing cuisine is very spicy. I don't know if you can
	eat it or not.
David:	My family likes spicy food best.
Rachel:	I also ordered Sauted Chinese yam with Black Fungus that David like to eat.
	The black one is Black Fungus, the white one is Chinese yam.
David:	Thanks, Rachel.
	(After dinner, David's family will go to Xi'an by train.)
Li Cheng:	It's sunny today, the weather is so fine. Let me drive you to the railway station.
David:	That's OK. Let's take a taxi.
Li Cheng:	You're welcome. My car is right next to it. It's just been washed. You see, we
	can sit one person in the front and eight in the back.
David:	Who said your car was small ?

生词 New Words

1	介绍	jièshào v. to introduce, to recommend	9	车	chē n. car, vehicle

2	高	gāo *adj.* tall, high	10	火车站	huǒchēzhàn *n.* railway station
3	饭馆	fànguǎn *n.* restaurant	11	洗	xǐ *v.* to wash, to bathe
4	辣	là *adj.* spicy	12	前面	qiánmian *n.* front
5	山药	Shānyào *n.* Chinese yam	13	后面	hòumian *n.* back
6	黑	hēi *adj.* black	14	小	xiǎo *adj.* Small, little
7	白	bái *adj.* white	<u>菜名 Chinese Cuisine</u>		
8	晴	qíng *adj.* Sunny, fine, clear	木耳炒山药 Mù'ěr chǎo Shānyào Sauted Chinese yam with Black Fungus		

二、练习 Exercises

交际练习 Communication exercises

（1）　You come across a student whom you don't know. How do you carry out a conversation with him/her in order to know more about him/her?

（2）　Two of your friends do not know each other. How do you introduce them to each other?

（3）　How do you introduce yourself in a meeting?

（4）　Talk with your classmate about what you like or dislike.

（5）　Suppose your classmate is a salesperson in a store and you are a customer. You are talking with each other.

（6）　Your classmate is a taxi driver, and you want to go to somewhere by taxi. How do you talk with the taxi driver?

（7）　You are visiting somewhere and you want to find out whether you can take pictures（拍照 pāizhào）or smoke（吸烟 xīyān）. How do you ask?

（8）　You feel sick while reading with your classmate in the library. How do you tell him/her?

（9）　Your friend has a toothache（牙疼 yáténg）. How do you help him/her the doctor about it?

（10）　Make a phone call from the university dormitory to one of your friends to tell him/her something that has happened recently in your life or studies.

（11）　After visiting different places, you and your friend are asking about each other's travel experiences.

（12）　You are discussing language studies with your Chinese friend. You hope that he/she will make some comments on your study of spoken Chinese（口语 kǒuyǔ）, grammar（语法 yǔfǎ）, and Chinese characters.

(13)　You have just returned from Beijing. Describe to your relatives the difference between China and your own country, or compare Beijing to a city in your country.

(14)　What does your best friend like? What does he/she like to do on the weekend? Call and talk to your friend.

(15)　You went shopping in a mall. At first you wanted to buy a clothes, but it was expensive, so you didn't buy it. Then you wanted to buy some cups, but they were either too big or too small. You didn't find the suitable color, so you didn't buy anythings. Finally, you bought some fruits.

(16)　Talk to your classmate about an interesting experience you had last week.

(17)　You bought two movie tickets and invite your friend to see the movie with you.

(18)　Summer holiday (暑假 shǔjià) is coming soon. You and your friends are discussing your respective plans for it.

(19)　Give your classmate three suggestions and try to convince him/her to take your advice.

(20)　Talk about the weather in each of the four seasons in your city.

(21)　You go to the airport to see off a friend who is leaving for the United States. Then, you will go to the train station to pick up your younger brother.

(22)　Tell your classmate about the changes you have experienced in the last couple of years.

(23)　Your teacher fell ill and was in bed. What should you say to her when you see her in her house?

(24)　You and your classmates have been studying Chinese for half year. Talk about your own experience of studying the language.

三、语法复习 Grammar Review

1. 四种汉语句子　Four kinds of Chinese sentences

简单汉语句子按构成谓语的主要成分可分为四类。

Simple Chinese sentences can be divided into four kinds according to the elements, which comprise the main part of their predicates.

（1）动词谓语句 Sentences with a verbal predicate

大多数汉语句子都有动词谓语，而且比较复杂。在前面七课中，我们已经学习了几种类型，并给出了很多的例子。例如：

The majority of Chinese sentences have a verbal predicate and are relatively complex. Several types have already been learned and more examples have already given in seven lessons. For example:

Lǐ Chéng shì lǎoshī.

李成 是 老师。

Tā yǒu yí gè jiějie.

他有 一个 姐姐。

Wǒmen xuéxí Hànyǔ.

我们 学习 汉语。

Tā qù yīyuàn kàn yīshēng.

她去 医院 看 医生。

Wǒmen qǐng tā chī fàn.

我们 请 他 吃饭。

（2）形容词谓语句 Sentences with an adjectival predicate

形容词谓语句中，"是"是不需要的。例如：

In the sentence with an adjectival predicate，"shì" is not needed. For example：

Wǒ hěn hǎo.

我 很 好。

Tā zhè liǎng tiān tài máng.

他这 两 天 太 忙。

（3）名词谓语句 Sentences with a nominal predicate

名词谓语句中，名词、名词短语或数量词直接作为谓语的主要成分，可特别用来描述年龄或价格。在汉语口语中，它也用来表示时间、出生地等。例如：

In a sentence with a nominal predicate，nouns，noun phrases，or numeral-measure words function directly as the main elements of the predicate，which especially describe age or price. In spoken Chinese，it is also used to express time，birthplace，and so on. For example：

Dàwèi èrshí' èr suì.

大卫 二十二 岁。

Píngguǒ liù kuài qián.

苹果 六 块 钱。

Xiànzài bā diǎn sānshí fēn.

现在 八 点 三十 分。

Jīntiān xīngqītiān.

今天 星期天。

Niè lǎoshī Chóngqìng rén.

聂 老师 重庆 人。

（4）主谓谓语句 Sentences with a subject-predicate phrase as the predicate

主谓谓语句中，主谓词组的主语所指的事物通常是整个句子主语所指事物的一部分。主谓词组描述或解释整个句子的主语。例如：

In a sentence with a subject-predicate phrase as the predicate，the thing denoted by the subject of the subject-predicate phrase is usually a part of the thing denoted by the subject of the whole sentence. The subject-predicate phrase describes or explains the subject of the whole sentence. For example：

Tā shēntǐ zěnmeyàng?

他 身体 怎么样?

Wǒ tóu téng.

我 头 疼。

Tā xuéxí hěn hǎo.

他 学习 很 好。

Nǐ nǎr bù shūfu?

你 哪儿 不 舒服?

Ruìqiū bàba gōngzuò bù máng.

瑞秋 爸爸 工作 不 忙。

2. 常用的五种提问方法 Five common question types

（1）用"吗"提问 Question with "ma"

这是最常用的问题类型。问这类问题的人对答案有一些想法。例如：

This is the most commonly used type of question. The person who asks this kind of question has some idea concerning the answer. For example：

Nín shì Zhāng lǎoshī ma?

您 是 张 老师 吗?

Nǐ xiànzài lèi ma?

你 现在 累 吗?

Nǐ māma míngtiān bù lái xuéxiào ma?

你 妈妈 明天 不来 学校 吗?

Xià xīngqī yǒu yǔ ma?

下 星期 有 雨 吗?

Nǐ mèimei gōngzuò le ma?

你 妹妹 工作 了 吗?

（2）正反疑问句 V/A-not-V/A question

这类问题也经常使用。问这类问题的人不知道如何回答。例如：

This type of question is also frequently used. The person who asks this kind of question don't know how to answer it. For example：

Nǐ rènshi bú rènshi tā?

你 认识 不 认识 他?

Nǐmen xuéxiào dà bu dà?

你们 学校 大 不 大?

Lǐ Chéng xǐhuan bù xǐhuan yùndòng?

李成 喜欢 不 喜欢 运动?

Kǎixī yǒu méiyǒu dìdi?

凯西 有 没有 弟弟?

Dàwèi hē bu hē chá?

大卫 喝 不 喝 茶?

（3）用疑问代词的问句 Question with an interrogative pronoun

通过使用"谁、什么、哪、哪儿、怎么、怎么样、多少"或"几"，这类问题具体问谁、什么、哪个、在哪里、如何或有多少。例如：

By using "shéi" "shénme" "nǎ" "nǎr" "zěnme" "zěnmeyàng" "duōshǎo" or "jǐ", this type of question specifically asks who, what, which, where, how, how about, or how many. For example：

Nà ge rén shì shéi?

那 个人 是 谁？

Nǐ xǐhuan chī shénme?

你 喜欢 吃 什么？

Nǐmen xuéxiào yǒu duōshao lǎoshī?

你们 学校 有 多少 老师？

Niè lǎoshī zài nǎr?

聂 老师 在 哪儿？

Ruìqiū Hànyǔ shuō de zěnmeyàng?

瑞秋 汉语 说 得 怎么样？

（4）用"好吗？"（或"是不是？""是吗？""可以吗？"）的问句

Tag question with "hǎo ma ?" "shì bu shì ?" "shì ma ?" "kěyǐ ma ?"

疑问句"好吗？"或者"可以吗？"通常用来询问某人对句子第一部分所提建议的看法。疑问句"是不是？"或"是吗？"通常用来确认句子第一部分的判断。例如：

Question with "hǎo ma ?" or "kěyǐ ma ?" are usually used to ask someone's opinion concerning the suggestion put forward in the first part of the sentence. Question with "shì bu shì ?" or "shì ma ?" are usually used to confirm the judgement made in the first part of the sentence. For example：

Wǒmen qù pǎobù, hǎo ma?

我们 去 跑步，好 吗？

Zhè wèi xiānsheng shì Dàwèi de bàba, shì bu shì?

这 位 先生 是 大卫 的 爸爸，是 不 是？

Wǒmen míngtiān qù yóuyǒng, kěyǐ ma?

我们 明天 去 游泳，可以 吗？

Nǐ bù chī yángròu, shì ma?

你 不 吃 羊肉， 是 吗？

（5）用"呢"的省略式问句 Elliptical questions with the question particle "ne"

这类问题的意思通常由前一句话清楚地说明。例如：

The meaning of this type of question is usually illustrated clearly by the previous sentence. For example：

Wǒ hěn hǎo, nǐ ne?

我 很 好，你呢？

Tā shàngwǔ yǒu shíjiān, nǐmen ne?

他 上午 有 时间，你们 呢？

Zhè ge cài hěn hǎochī, nà ge cài ne?

这 个 菜 很 好吃，那 个 菜 呢？

Ruìqiū zài kàn bàozhǐ ne, Dàwèi ne?

瑞秋 在 看 报纸 呢，大卫 呢？

Wǒ bàba, māma fēicháng xǐhuan chī huǒguō, nǐ bàba, māma ne?

我 爸爸、妈妈 非常 喜欢 吃 火锅，你 爸爸、妈妈 呢？

3. 汉语句子的六种基本成分

The six basic functional components of a Chinese sentence

汉语句子的基本功能成分是主语、谓语、宾语、定语、状语和补语。

The basic functional components of a Chinese sentence are the subject, the predicate, the object, the attributive, the adverbial, and the complement.

我们已经学过名词、代词或名词短语都可以充当主语。此外，动词短语、形容词短语和主谓短语也可以充当主语。通常动词、形容词、动词短语或形容词短语都可以充当谓语。主谓词组或名词性词组也可以充当谓语。主语通常在谓语之前。例如：

We have already learned that a noun, a pronoun, or a noun phrase can all function as the subject. In addition, a verbal phrase, an adjectival phrase, and a subject-predicate phrase may also serve as the subject. Usually a verb, an adjective, a verbal phrase, or an adjectival phrase can function as the predicate. A subject-predicate phrase or a nominal phrase can also serve as the predicate. The subject usually precedes the predicate. For example：

Zhè xiē shū dōu shì xīde.

这 些书 都 是 新的。

Tā lái Běijīng le.

他 来 北京 了。

Wǒ sǎngzi téng.

我 嗓子 疼。

Báisè de piàoliang.

白色 的 漂亮。

Xiànzài qī diǎn sìshí.

现在 七点 四十。

Jīntiān bǐ zuótiān lěng.

今天 比 咋天 冷。

Wǒmen qù dǎ lánqiú, hǎo ma?

我们 去打 篮球，好 吗？

当上下文清楚时，主语常常被省略。有时谓语也可以省略。例如：

When the context is clear, the subject is often omitted. Sometimes the predicate can also be omitted. For example：

Nǐ qù tī zúqiú le ma?

A：你 去 踢足球 了吗？

(Wǒ) qù le.

B：（我）去了。

Shéi yǒu hànyǔ shū?

A：谁 有 汉语 书?

Wǒ (yǒu hànyǔ shū).

B：我（有 汉语 书）。

作为谓语的一部分，宾语通常放在动词后面。我们学过名词、代词、名词性短语、动词性短语或主谓短语通常都可以充当宾语。例如：

As a part of the predicate, the object is usually placed after the verb. We have learned that usually a noun, a pronoun, a nominal phrase, a verbal phrase, or a subject-predicate phrase can function as the object. For example：

Tā yǒu gēge.

他 有哥哥。

Wǒ bú rènshi tā.

我 不 认识他。

Mǎi liǎng zhāng dào Běijīng de.

买 两 张到 北京 的。

Tā xǐhuan chī Chóngqìng huǒguō.

他 喜欢吃 重庆 火锅。

Wǒ juéde zhè ge bēizi tài guì le.

我 觉得这 个 杯子 太 贵 了。

有些动词后面可以跟两个宾语。例如：

Some verbs may be followed by two objects. For example：

Wǒ wèn lǎoshī yí gè wèntí.

我 问老师 一个 问题。

Ruìqiū sòng Kǎixī yí kuài shǒubiǎo le.

瑞秋 送凯西一 块 手表 了。

Lǐ Chéng tóngxué gěi tā hěnduō shuǐguǒ.

李成 同学 给他 很多 水果。

定语主要用于修饰名词，必须放在修饰的名词前面。我们已经知道形容词、形容词短语、名词或代词通常用作定语。此外，动词、动词短语或主谓短语也可以充当定语。

The attributive is mainly used to modify a noun and must be placed before the element it modifies. We have learned that an adjective, an adjectival phrase, a noun, or a pronoun often functions as the attributive. In addition, a verb, a verbal phrase, or a subject-predicate phrase can also serve as the attributive.

状语用来修饰动词或形容词。我们已经知道副词经常用作状语。此外，时间名词、介词短语和形容词也可以用作状语。例如：

The adverbial is used to modify a verb or an adjective. We have already learned that adverbs are often used as adverbials. In addition, time nouns, prepositional phrases, and adjectives can also be used as adverbials. For example：

Tāmen yě kàn le zúqiú bǐsài.

他们<u>也</u> 看 了 足球 比赛。

Dàwèi bàba hé māma yídìng lái Zhōngguó.

大卫 爸爸 和 妈妈<u>一定</u> 来 中国。

Nǐ jīntiān chuān de zhēn piàoliang!

你<u>今天</u> 穿 得 真 漂亮!

Wǒ cóng sùshè dài yìxiē shuǐguǒ hé shuǐ.

我<u>从</u> 宿舍 带 一些 水果 和 水。

Wǒmen kuài qù ba!

我们<u>快</u> 去 吧!

补语是放在动词或形容词后面的句子成分，提供有关动词或形容词的附加信息。例如：

The complement is a sentence component placed after a verb or an adjective to give additional information about the verb or adjective. For example：

Wǒ tīng de dǒng Hànyǔ yìsi, dànshì kàn bu dǒng Hànzì.

我 听 得<u>懂</u> 汉语意思，但是 看 不 <u>懂</u> 汉字。

(*Complements of Possibility*)

Wǒ qù guò Shànghǎi liǎng cì.

我 去 过 上海<u>两 次</u>。

(*Complements of Frequency*)

Kǎixī Hànyǔ shuō de fēicháng hǎo.

凯西 汉语 说 得<u>非常 好</u>。

(*Complements of State*)

Tā kàn dǒng le, yě xiě duì le.

他 看<u>懂</u> 了，也 写<u>对</u> 了。

(*Complements of Result*)

Dàwèi gēge bǐ Dàwei dà sì suì.

大卫 哥哥 比 大卫 大<u>四 岁</u>。

(*Complements of Quantity*)

4. 动词谓语句 The Sentences with a verbal Predicate

以下是一些句子的总结，其中动词是谓语的主要成分：

The following is a summary of the kinds of sentences in which the verb is a major element of the predicate：

（1）是字句 Sentences with "shì"

Tā shì Déguó liúxuéshēng.

她是 德国 留学生。

Zhè sì běn shū shì Zhōngwén de.

这 四本书是 中文 的。

（2）有字句 Sentences with "yǒu"

Wǒmen xuéxiào yǒu shí gè Hànyǔ lǎoshī.

我们 学校有 十 个 汉语 老师。

Tā méiyǒu jiějie.

他 没有 姐姐。

（3）无宾语句 Sentences without an object

Wǒ zài Chóngqìng xuéxí

我 在 重庆 学习。

（4）单宾语句 Sentences with a single object

Kǎixī měitiān dōu xiě Hànzì.

凯西 每天 都 写汉字。

（5）双宾语句 Sentences with double objects

Tā sòng wǒ yì běn Yīngyǔ shū.

他 送我 一 本 英语 书。

Wǒ gàosu nǐ yí gè shìqing.

我 告诉你 一个 事情。

（6）动词或动词短语作宾语句

Sentences with a verb or a verbal phrase as the object

Míngtiān kāishǐ gōngzuò.

明天 开始工作。

Chóngqìng rén ài chī huǒguō.

重庆 人 爱吃 火锅。

Dàwèi māma huì shuō yì diǎnr Hànyǔ.

大卫 妈妈 会 说一点儿 汉语。

（7）主谓短语作宾语句 Sentences with a subject-predicate phrase as the object

Wǒ bù zhīdao tā shì Déguó rén.

我 不 知道他 是 德国 人。

Wǒ juéde nǐ Hànyù shuō de bú cuò.

我 觉得你 汉语 说 得 不错。

（8）连动句 Sentences with serial phrases

Tāmen qù shāngdiàn mǎi dōngxi le.

他们去 商店 买 东西了。

Xià xīngqī shì bu shì zuò huǒchē qù Xī'ān?

下 星期 是 不 是坐 火车 去 西安？

（9）兼语句 Pivotal Sentences

Māma bú ràng tā hē kāfēi.

妈妈 不 让她 喝 咖啡。

Wǒmen qǐng Dàwèi yìjiārén chīfàn.

我们 请大卫 一家人 吃饭。

（10）"是……的"句 Sentences with "shì……de"

Wǒmen shì zài Shànghǎi rènshi de.

我们是 在 上海 认识 的。

Wǒ péngyou bú shì zuò huǒchē lái de, shì zuò fēijī lái de.

我 朋友 不是 坐 火车 来 的，是 坐 飞机 来 的。

（11）表示存在的句子 Sentences indicating existence

Zhè ge shāngdiàn de pángbian shì nǐmen gōngsī ma?

这 个 商店 的 旁边是 你们 公司 吗?

Wǒmen xuéxiào hòumian yǒu hěnduō fànguǎn.

我们 学校 后面有 很多 饭馆。

Shítáng bú zài túshūguǎn yòubian.

食堂 不在 图书馆 右边。

5. 动作的态　The aspect of an action

（1）动作或事情的完成 The completion or realization of an action or event

Dàwèi qù jīchǎng jiē tā bàba, māma le.

大卫 去 机场 接他 爸爸、妈妈了。

Wǒ mǎi le hǎoduō shuǐguǒ.

我 买了 好多 水果。

Ruìqiū yǐjīng chī le liǎng gè píngguǒ le.

瑞秋 已经 吃了两 个 苹果 了。

（2）情况的变化 The change of circumstances

Wàimian xiàyǔ le.

外面 下雨了。

Ruìqiū hé Kǎixī jīntiān bù néng lái le.

瑞秋 和 凯西 今天 不 能 来了。

Wǒ māma yě kāishǐ xǐhuan xuéxí Hànyǔ le.

我 妈妈 也开始 喜欢 学习 汉语了。

（3）动作的持续 The continuation of an action

Sùshè mén kāi zhe.

宿舍 门 开着。

Tā chuānzhe hóngsè de yīfu.

他 穿着 红色 的衣服。

Xiànzài xiàzhe xuě, tài lěng le.

现在 下着雪，太冷 了。

（4）过去的经验或经历 Past experience

Wǒ shàng xīngqī zuò guò chuán le.

我 上 星期 坐过 船 了。

Tā hái méi tīngguò zhōngwén gē ne.

他 还没 听过 中文 歌呢。

Nǐ kànguò zhè ge diànyǐng ma ?

你 看过 这个 电影 吗?

（5）动作即将发生 An action that is going to take place soon

Lánqiú bǐsài yào kāishǐ le.

篮球 比赛要 开始 了。

Tāmen míngtiān jiù yào hànyǔ kǎoshì le.

他们 明天就 要 汉语 考试 了。

Huǒchē kuài dào Běijīng le.

火车 快 到 北京 了。

（6）动作的进行 The progression of an action

Tā zài zuò shénme ne?

他在 做 什么 呢?

Wǒmen zài kàn diànshì ne.

我们在 看 电视 呢。

四、文化知识 Cultural Note

北京、上海、长江、黄河和长城
Beijing, Shanghai, the Changjiang River, the Huanghe River and the Great Wall

中国最大的两个城市是北京和上海。北京是中华人民共和国的首都，也是中国政治、外交和文化中心。北京是辽、金、元、明清时期的首都，有着丰富的历史古迹，其中包括长城、紫禁城、故宫、颐和园和天坛等。随着经济发展，北京已经成为世界国际化都市之一。上海是中国最大的城市，也是中国最大的工业和经济中心。

The two largest cities of China are Beijing（北京）and Shanghai（上海）. Beijing is the capital of the People's Republic of China as well as its political, diplomatic and cultural center. Beijing was the capital for Liao, Jin, Yuan, Ming and Qing dynasties and it is rich in historic sites, including the Great Wall, the Forbidden City, the Imperial Palace（故宫, Gùgōng）, the Summer Palace（颐和园, Yíhé Yuán）, and the Temple of Heaven（天坛, Tiān Tán）, etc. With the economic development, Beijing has become one of the cosmopolitan cities in the world. Shanghai is China's biggest city as well as its largest industrial and economic center.

在中国有很多河流，其中最大的是长江和黄河。长江，字面上的意思是"长河"，在英语中通常被称为 the Yangtze River。它是中国最长的河流，也是世界上最长的河流之一。它绵延6000多公里。黄河是中国第二大河，全长5000多公里。黄河流域被认为是中华文明的摇篮。

There are many rivers in China, the largest ones of which are the Changjiang River (长江, Cháng Jiāng) and the Huang River (黄河, Huáng Hé). Changjiang, literally, the "long River", is commonly known as the Yangtze River in English. It is the longest river in China and one of the longest in the world. It stretches more than 6, 000 kilometers. Huanghe, or literally the "Yellow River", is the second longest river in China, flowing a total of more tan 5, 000 kilometers. The Huanghe River Valley is considered as the cradle of Chinese civilization.

长城是中国最著名的人文景观之一。长城的修建始于2200多年前。它是古代世界的建筑奇迹之一。有许多延伸的地方，有几堵墙彼此平行。长城有6000多公里，也就是12000多里长，所以长城经常被称为万里长城或 Long Wall of Ten Thousand Li。

The Great Wall (长城, Chángchéng) is one of the most well-known anthropological spectacles in China. Construction of the Great Wall began more than 2, 200 years ago. It is one of the architectural wonders of the ancient world. There are numerous stretches where several walls run parallel to each other. It is more than 6, 000 kilometers or more than 12, 000 li long, so the Great Wall is often referred to as the Wan Li Changcheng or the "Long Wall of Ten Thousand Li".

附 录

HSK（一级）介绍

HSK（一级）考查考生的日常汉语应用能力，它对应于《国际汉语能力标准》一级、《欧洲语言共同参考框架（CEF）》A1 级。通过 HSK（一级）的考生可以理解并使用一些非常简单的汉语词语和句子，满足具体的交际需求，具备进一步学习汉语的能力。

一、考试对象

HSK（一级）主要面向按每周 2-3 课时进度学习汉语一个学期（半学年），掌握150 个最常用词语和相关语法知识的考生。

二、考试内容

HSK（一级）共 40 题，分听力、阅读两部分。

考试内容		试题数量（个）	考试时间（分钟）
一、听力	第一部分	5	约 15
	第二部分	5	
	第三部分	5	
	第四部分	5	
	20		
填写答题卡			3
二、阅读	第一部分	5	17
	第二部分	5	
	第三部分	5	
	第四部分	5	
	20		
共计	/	40	约 35

全部考试约 40 分钟（含考生填写个人信息时间 5 分钟。）

1. 听力

第一部分，共 5 题。每题听两次。每题都是一个短语，试卷上提供一张图片，考生根据听到的内容判断对错。

第二部分，共 5 题。每题听两次。每题都是一个句子，试卷上提供 3 张图片，考生根据听到的内容选出对应的图片。

第三部分，共 5 题。每题听两次。每题都是一个对话，试卷上提供几张图片，考生根据听到的内容选出对应的图片。

第四部分，共 5 题。每题听两次。每题都是一个人说一句话，第二个人根据这句话问一个问题并说出 3 个选项，试卷上每题都有 3 个选项，考生根据听到的内容选出答案。

2. 阅读

第一部分，共 5 题。每题提供一张图片和一个词语，考生要判断是否一致。

第二部分，共 5 题。试卷上有几张图片，每题提供一个句子，考生根据句子内容，选出对应的图片。

第三部分，共 5 题。提供 5 个问句和 5 个回答，考生要找出对应关系。

第四部分，共 5 题。每题提供一个句子，句子中有一个空格，考生要从提供的选项中选词填空。

试卷上的试题都加拼音。

三、成绩报告

HSK（一级）成绩报告提供听力、阅读和总分三个分数。总分 120 分为合格。

	满分	你的分数
听力	100	
阅读	100	
总分	200	

HSK 成绩长期有效。作为外国留学生进入中国院校学习的汉语能力的证明，HSK 成绩有效期为两年（从考试当日算起）。

Introduction to the HSK Level 1 Test

HSK Level 1 tests students' ability to use Chinese in daily life, corresponding to Level 1 of *Chinese Language Proficiency Scales for Speakers of Other Languages* and Level A1 of *Common European Framework of Reference for Languages* (*CEF*). Candidates who have passed the

HSK Level 1 test can understand and use a few simple Chinese words and sentences, which satisfy their specific needs in communication and equip them with the ability to further study Chinese.

Ⅰ. Targets

The HSK Level 1 test is targeted at students who have learned Chinese 2—3 class hours a week for one semester (half an academic year) and have mastered 150 most frequently used Chinese words and relevant grammar.

Ⅱ. Contents

The HSK Level 1 test includes 40 questions in total, divided into two parts: Listening and Reading.

Contents		Number of Questions		Duration (Min.)
Ⅰ. Listening	Part 1	5	20	Around 15
	Part 2	5		
	Part 3	5		
	Part 4	5		
Marking on the answer sheet				3
Ⅱ. Reading	Part 1	5	20	17
	Part 2	5		
	Part 3	5		
	Part 4	5		
Total	/		40	Around 35

The whole test takes about 40 minutes (including 5 minutes for students to write down personal information.)

1. Listening

Part 1 includes 5 questions. In this part, candidates will hear 5 phrases. Each phrase is read twice for candidates to decide whether the picture provided is right or wrong.

Part 2 includes 5 questions. In this part, candidates will hear 5 sentences. Each sentence is read twice for candidates to choose the right picture from the three choices provided.

Part 3 includes 5 questions. In this part, candidates will hear 5 dialogues. Each dialogue is read twice for candidates to choose the right picture from the several choices provided.

Part 4 includes 5 questions. For each question, candidates will first hear a sentence spoken by one person, then a question about the sentence asked by another person and three choices. The materials are read twice. Candidates have to choose the right answer from the choices.

2. Reading

Part 1 includes 5 questions. For each question, a picture and a word are provided for candidates to decide whether they match.

Part 2 includes 5 questions. For each question, several pictures and a sentence are provided. Candidates have to choose the right picture according to the sentence.

Part 3 includes 5 questions. In this part, 5 questions and 5 answers are provided for candidates to match them up.

Part 4 includes 5 questions. For each question, one sentence is provided, with part of it left blank. Candidates have to choose from the words given to fill in the blank.

All the test questions are provided with pinyin.

Ⅲ. Performance Report

The performance report of HSK Level 1 consists for the score for Listening, the score for Reading and the total score. A candidate whose total score is 120 or above passes the test.

	Full Score	Your Score
Listening	100	
Reading	100	
Total	200	

One's HSK score is valid all the time. As a certificate of the Chinese proficiency of an international student who wants to study in a Chinese university, the HSK score is valid for two years (standing from the day of testing).

HSK（二级）介绍

HSK（二级）考查考生的日常汉语应用能力，它对应于《国际汉语能力标准》二级、《欧洲语言共同参考框架（CEF）》A2 级。通过 HSK（二级）的考生可以用汉语就熟悉的日常话题进行简单而直接的交流，达到初级汉语优等水平。

一、考试对象

HSK（二级）主要面向按每周 2-3 课时进度学习汉语两个学期（一学年），掌握 300 个最常用词语和相关语法知识的考生。

HSK（二级）共 60 题，分听力、阅读两部分。

考试内容		试题数量（个）		考试时间（分钟）
一、听力	第一部分	10	35	约 25
	第二部分	10		
	第三部分	10		
	第四部分	5		
填写答题卡				3
二、阅读	第一部分	5	25	22
	第二部分	5		
	第三部分	5		
	第四部分	10		
共计	/	60		约 50

全部考试约 55 分钟（含考生填写个人信息时间 5 分钟。）

1. 听力

第一部分，共 10 题。每题听两次。每题都是一个句子，试卷上提供一张图片，考生根据听到的内容判断对错。

第二部分，共 10 题。每题听两次。每题都是一个对话，试卷上提供几张图片，考生根据听到的内容选出对应的图片。

第三部分，共 10 题。每题听两次。每题都是两个人的两句对话，第三个人根据对话问一个问题，试卷上提供 3 个选项，考生根据听到的内容选出答案。

第四部分，共 5 题。每题听两次。每题都是两个人的 4 到 5 句对话，第三个人根据对话问一个问题，试卷上提供 3 个选项，考生根据听到的内容选出答案。

2. 阅读

第一部分，共 5 题。试卷上有几张图片，每题提供一个句子，考生根据句子内容，选出对应的图片。

第二部分，共 5 题。每题提供一到两个句子，句子中有一个空格，考生要从提供的选项中选词填空。

第三部分，共 5 题。每题提供两个句子，考生要判断第二句内容与第一句是否一致。

第四部分，共 10 题。提供 20 个句子，考生要找出对应关系。

试卷上的试题都加拼音。

三、成绩报告

HSK（二级）成绩报告提供听力、阅读和总分三个分数。总分120分为合格。

	满分	你的分数
听力	100	
阅读	100	
总分	200	

HSK 成绩长期有效。作为外国留学生进入中国院校学习的汉语能力的证明，HSK 成绩有效期为两年（从考试当日算起）。

Introduction to the HSK Level2 Test

HSK Level 2 tests students' ability to use Chinese in daily life, corresponding to Level 2 of *Chinese Language Proficiency Scales for Speakers of Other Languages* and Level A2 of *Common European Framework of Reference for Languages* (*CEF*). Candidates who have passed the HSK Level 2 test can capable of easy and direct communication regarding everyday topics, their Chinese proficiency reaching the upper elementary level.

I . Targets

The HSK Level 2 test is targeted at students who have learned Chinese 2−3 class hours a week for two semester (one academic year) and have mastered 300 most frequently used Chinese words and relevant grammar.

II . Contents

The HSK Level 2 test includes 60 questions in total, divided into two parts: Listening and Reading.

Contents		Number of Questions	Duration （Min.）
I . Listening	Part 1	10	Around 25
	Part 2	10	
	Part 3	10	
	Part 4	5	
		35	
Marking on the answer sheet			3

Contents		Number of Questions		Duration（Min.）
Ⅱ. Reading	Part 1	5	25	22
	Part 2	5		
	Part 3	5		
	Part 4	10		
Total	/	60		Around 50

The whole test takes about 55 minutes（including 5 minutes for students to write down personal information.）

1. Listening

Part 1 includes 10 questions. In this part, candidates will hear 10 sentences. Each phrase is read twice for candidates to decide whether the picture provided is right or wrong.

Part 2 includes 10 questions. In this part, candidates will hear 10 dialogues. Each dialogue is read twice for candidates to choose the right picture from the choices provided.

Part 3 includes 10 questions. In this part, candidates will hear 10 dialogues. Each with two sentences. Each dialogue is read twice for candidates to choose from three choices the right answer to the question asked by a third person.

Part 4 includes 5 questions. In this part, candidates will hear 5 dialogues, each with 4−5 sentences. Each dialogue is read twice for candidates to choose from three choices the right answer to the question asked by a third person.

2. Reading

Part 1 includes 5 questions. For each question, several pictures and a sentence are provided. Candidates have to choose the picture according to the sentence.

Part 2 includes 5 questions. For each question, 1−2 sentences with a blank are provided. Candidates have to choose from the words given to fill in each blank.

Part 3 includes 5 questions. For each question, 2 sentences are provided for candidates to decide whether the second sentence matches the first.

Part 4 includes 10 questions. For each question, 20 sentences are provided for candidates to match them up.

All the test questions are provided with pinyin.

Ⅲ. Performance Report

The performance report of HSK Level 2 consists for the score for Listening, the score for Reading and the total score. A candidate whose total score is 120 or above passes the test.

	Full Score	Your Score
Listening	100	
Reading	100	
Total	200	

One's HSK score is valid all the time. As a certificate of the Chinese proficiency of an international student who wants to study in a Chinese university, the HSK score is valid for two years (standing from the day of testing).

新汉语水平考试
HSK（一级）样卷

注意

一、HSK（一级）分两部分：

1. 听力（20题，约15分钟）

2. 阅读（20题，15分钟）

二、答案先写在试卷上，最后5分钟再写在答题卡上。

三、全部考试约40分钟（含考生填写个人信息时间5分钟）。

中国　北京　　　　　　　　　　国家汉办/孔子学院总部　编制

一、听力

第一部分

第 1-5 题

例如:		√
		×
1.		
2.		
3.		
4.		

5.			

第二部分

第 6-10 题

例如:	 A √	 B	 C
6.	 A	 B	 C
7.	 A	 B	 C
8.	 A	 B	 C

9.	 A	B	C
10.	A	B	C

第三部分

第 11-15 题

A		B	
C		D	
E		F	

例如：女：你好！
（Nǐ hǎo）

Nǐ hǎo　Hěn gāo xìng rèn shí nǐ
男：你好！很 高 兴 认 识 你。　　　　　　　　　　　　　C

11. ☐

12. ☐

13. ☐

14. ☐

15. ☐

第四部分

第 16-20 题

　　Xià wǔ wǒ qù shāng diàn　wǒ xiǎng mǎi yī xiē shuǐ guǒ
例如：下 午 我 去 商 店，我 想 买 一 些 水 果。

　　Tā xià wǔ qù nǎ lǐ
问：她 下 午 去 哪 里？

	shāng diàn	yī yuàn	xué xiào
	A 商 店 √	B 医 院	C 学 校
	xīng qī èr	xīng qī sān	xīng qī wǔ
16.	A 星 期 二	B 星 期 三	C 星 期 五
	kāi chē	zuò fàn	shuō hàn yǔ
17.	A 开 车	B 做 饭	C 说 汉 语
	lǎo shī	mā mā	péng yǒu
18.	A 老 师	B 妈 妈	C 朋 友
19.	A 4	B 7	C 10
	hěn hǎo	hěn rè	hěn lěng
20.	A 很 好	B 很 热	C 很 冷

二、阅读

第一部分

第 21-25 题

例如：		diànshì 电视	×
		fēijī 飞机	√
21.		māo 猫	
22.		yīfu 衣服	
23.		shuǐguǒ 水果	
24.		zuò 坐	

表(续)

| 25. |  | mǐfàn
米饭 | |

第二部分

第 26-30 题

A  B

C  D

E  F

Wǒ hěn xǐ huān zhè běn shū
例如：我 很 喜 欢 这 本 书 。　　　　　　　 E

Tā zài shuì jiào ne
26. 他 在 睡 觉 呢 。

Tā míng tiān zuò huǒ chē qù
27. 她 明 天 坐 火 车 去 。

Tā zài yī yuàn gōng zuò 　 shì gè yī shēng
28. 他 在 医 院 工 作 ，是 个 医 生 。

Wǒ xiǎng hē yī bēi chá
29. 我 想 喝 一 杯 茶 。 □

Tā men shì tóng xué
30. 他 们 是 同 学 。 □

第三部分 ├─────────────────────────────────

第 31-35 题

Nǐ hē shuǐ ma   Zhōng guó rén
例如：你 喝 水 吗 ？   [F]   A 中 国 人 。

Zěn me qù nà gè fàn diàn   diǎn le
31. 怎 么 去 那 个 饭 店 ？   □   B 7 点 了 。

Xiàn zài jǐ diǎn le   Píng guǒ
32. 现 在 几 点 了 ？   □   C 苹 果 。

Nǐ ài chī shén me shuǐ guǒ   kuài
33. 你 爱 吃 什 么 水 果 ？   □   D 20 块 。

Zhè gè xiǎo bēi zǐ duō shǎo qián   Zuò chū zū chē
34. 这 个 小 杯 子 多 少 钱 ？   □   E 坐 出 租 车 。

Nǐ shì nǎ guó rén   Hǎo de xiè xiè
35. 你 是 哪 国 人 ？   □   F 好 的 ，谢 谢 ！

第四部分 ├─────────────────────────────────

第 36-40 题

jiā   huǒ chē zhàn   duì bù qǐ   míng zì   kàn jiàn   xué xí
A 家 B 火 车 站 C 对 不 起 D 名 字 E 看 见 F 学 习

Nǐ jiào shén me
例如：你 叫 什 么 （D)？

Tā shàng wǔ zài xué xiào
36. 她 上 午 在 学 校 （   ）。

Wǒ diǎn fēn qù   diǎn qián huí lái
37. 我 7 点 30 分 去 （   ），10 点 前 回 来 。

Wèi zhāng xiān shēng zài   ma
38. 喂 ，张 先 生 在 （   ）吗 ？

wǒ jīn tiān bù néng hé nǐ qù kàn yī shēng le
39. 女：（   ），我 今 天 不 能 和 你 去 看 医 生 了 。

Méi guān xì
男：没 关 系 。

40. 男：你（　）爸爸的衣服了吗？
      Nǐ   bà bà de yī fú le ma

    女：在 桌 子 后 面 。
      Zài zhuō zǐ hòu miàn

HSK（一级）样卷听力材料

（音乐，30 秒，渐弱）

Dà jiā hǎo　Huān yíng cān jiā HSK　yī jí　kǎo shì
大家 好！ 欢 迎 参 加 （一级） 考 试。
Dà jiā hǎo　Huān yíng cān jiā HSK　yī jí　kǎo shì
大家 好！ 欢 迎 参 加 （一级） 考 试。
Dà jiā hǎo　Huān yíng cān jiā HSK　yī jí　kǎo shì
大家 好！ 欢 迎 参 加 （一级） 考 试。

    yī jí　tīng lì kǎo shì fēn sì bù fèn　gòng　tí
HSK（一级） 听 力 考 试 分 四 部分， 共 20题。
Qǐng dà jiā zhù yì　tīng lì kǎo shì xiàn zài kāi shǐ
请 大 家 注 意， 听 力 考 试 现 在 开 始。
Dì yī bù fèn

第一部分

Yī gòng　gè tí　měi tí tīng liǎng cì
一 共 5个题， 每题 听 两 次。
Lì rú　hěn gāo xìng
例如：很 高 兴
      kàn diàn yǐng
      看 电 影
Xiàn zài kāi shǐ dì　tí
现 在 开 始 第 1题：
    zuò chū zū chē
1. 坐 出 租 车
    míng tiān jiàn
2. 明 天 见
    shí èr diǎn
3. 十 二 点
    hē shuǐ
4. 喝 水
    dǎ diàn huà
5. 打 电 话

Dì èr bù fèn
第二部分 ├──────────────────────────

Yī gòng gè tí měi tí tīng liǎng cì
一 共 5个题，每题听 两 次。

Lì rú Zhè shì wǒ de shū
例如：这 是 我 的 书。

Xiàn zài kāi shǐ dì tí
现 在 开 始 第6题：

Nǐ de yī fú hěn piào liàng
6. 你 的 衣 服 很 漂 亮。

Tā men zài gōng zuò
7. 他 们 在 工 作。

Wǒ péng yǒu shì lǎo shī
8. 我 朋 友 是 老 师。

Lǐ xiǎo jiě qǐng zuò
9. 李 小 姐，请 坐。

Wǒ ér zǐ zài dà xué dú shū
10. 我 儿 子 在 大 学 读 书。

Dì sān bù fèn
第三部分 ├──────────────────────────

Yī gòng gè tí měi tí tīng liǎng cì
一 共 5个题，每题听 两 次。

Lì rú Nǐ hǎo
例如：女：你 好！

Nǐ hǎo Hěn gāo xìng rèn shí nǐ
男：你 好！很 高 兴 认 识 你。

Xiàn zài kāi shǐ dì tí
现 在 开 始 第11题：

Zhè gè yǐ zǐ duō shǎo qián
11. 男：这 个 椅 子 多 少 钱？

Qī shí kuài
女：七 十 块。

Tā huì kāi chē ma
12. 女：他 会 开 车 吗？

Huì Tā kāi chē sān nián duō le
男：会。他 开 车 三 年 多 了。

Nǐ qù nǎ ér le
13. 男：你 去 哪 儿 了？

Wǒ qù mǎi le xiē dōng xī
女：我 去 买 了 些 东 西。

Jīn tiān wǒ qǐng nǐ chī fàn
14. 女：今 天 我 请 你 吃 饭。

Tài hǎo le wǒ xiǎng chī zhōng guó cài
男：太 好 了，我 想 吃 中 国 菜。

Tā men shì shuí
15. 男：他们 是 谁？

　　 Tā men sān gè dōu shì wǒ de xué shēng
女：他们 三个 都是 我的学 生 。

Dì sì bù fèn
第四部分

Yī gòng 5 gè tí　měi tí tīng liǎng cì
一 共 5个题，每题 听 两次。

Lì rú　Xià wǔ wǒ qù shāng diàn　wǒ xiǎng mǎi yī xiē shuǐ guǒ
例如：下午我 去 商 店，我 想 买 一些 水果。

　　　Tā xià wǔ qù nǎ lǐ
问：她下午去 哪里？

Xiàn zài kāi shǐ dì　　 tí
现 在开始第16题：

　　Míng tiān shì èr yuè èr shí wǔ rì　xīng qī sān
16. 明 天 是二月 二十五日，星 期三 。

　　　Míng tiān shì xīng qī jǐ
问：明 天 是 星 期几？

　　Wǒ huì shuō hàn yǔ　wǒ néng xiě yī xiē hàn zì
17. 我 会 说 汉语，我 能 写一些汉字。

　　　Tā huì shén me
问：他会 什么？

　　Xià gè yuè　wǒ hé wáng lǎo shī qù běi jīng
18. 下个月，我 和 王 老师去北京。

　　　Tā hé shuí qù běi jīng
问：他和谁去北京？

　　Wǒ yǒu yī gè nǚ ér　jīn nián sì suì le
19. 我有一个女儿，今 年 四岁了 。

　　　Nǚ ér jǐ suì le
问：女儿几岁了？

　　zuó tiān xià yǔ le　hěn lěng
20. 昨 天 下雨了，很 冷 。

　　　Zuó tiān tiān qì zěn me yàng
问：昨 天 天气怎么 样 ？

Tīng lì kǎo shì xiàn zài jié shù
听 力 考试 现在结 束 。

HSK（一级）样卷答案

一、听力 ├────────────────────────────

第一部分

| 1. ✕ | 2. √ | 3. √ | 4. ✕ | 5. ✕ |

第二部分

| 6. A | 7. C | 8. B | 9. C | 10. B |

第三部分

| 11. D | 12. E | 13. B | 14. A | 15. F |

第四部分

| 16. B | 17. C | 18. A | 19. A | 20. C |

二、阅读 ├────────────────────────────

第一部分

| 21. ✕ | 22. √ | 23. √ | 24. √ | 25. ✕ |

第二部分

| 26. F | 27. C | 28. D | 29. B | 30. A |

第三部分

| 31. E | 32. B | 33. C | 34. D | 35. A |

第四部分

| 36. F | 37. B | 38. A | 39. C | 40. E |

新汉语水平考试
HSK（二级）样卷

注意

一、HSK（二级）分两部分：

1. 听力（35 题，约 25 分钟）

2. 阅读（25 题，20 分钟）

二、答案先写在试卷上，最后 5 分钟再写在答题卡上。

三、全部考试约 55 分钟（含考生填写个人信息时间 5 分钟）。

中国　北京

国家汉办/孔子学院总部　编制

一、听力

第一部分

第 1-10 题

例如：		√
		×
1.		
2.		
3.		

附录

·179·

4.		
5.		
6.		
7.		
8.		
9.		
10.		

第二部分

第 11-15 题

A

B

C

D

E

F

Nǐ xǐ huān shén me yùn dòng
例如：男：你 喜 欢 什 么 运 动 ？
Wǒ zuì xǐ huān tī zú qiú
女：我 最 喜 欢 踢足球。

| | D |

11. | |

12. | |

13. | |

14. | |

15. | |

第 16-20 题

A

B

C

D

E

16.

17.

18.

19.

20.

第三部分

第 21-30 题

　　　　　Xiǎo Wáng　zhè lǐ yǒu jǐ gè bēi zǐ　nǎ gè shì nǐ de
例如：男：小　王　，这 里 有 几 个 杯 子，哪 个 是 你 的 ？
　　　　　Zuǒ biān nà gè hóng sè de shì wǒ de
　　　女：左 边 那 个 红 色 的 是 我 的 。
　　　　　Xiǎo Wáng de bēi zǐ shì shén me yán sè de
　　　问：小　王　的 杯 子 是 什 么 颜 色 的 ？

　　　　hóng sè　　　　　　　hēi sè　　　　　　　　bái sè
　　A 红 色 √　　　 B 黑 色　　　　　　 C 白 色

		A		B		C
21.	A	tā yě qù 他也去	B	tā bù qù 他不去	C	tā qù guò le 他去过了
22.	A	yào xiū xī 要休息	B	yào kǎo shì 要考试	C	yào shàng kè 要上课
23.	A	tā bà bà 她爸爸	B	tā dì dì 她弟弟	C	tā zhàng fū 她丈夫
24.	A	yuè hào 7月15号	B	yuè hào 8月15号	C	yuè hào 9月15号
25.	A	shàng bān 上班	B	chī fàn 吃饭	C	kàn bìng 看病
26.	A	hěn dà 很大	B	tài yuǎn le 太远了	C	fēi cháng 非常
27.	A	304	B	307	C	407
28.	A	shēng bìng le 生病了	B	bìng hǎo le 病好了	C	bù gāo xìng le 不高兴了
29.	A	jī chǎng 机场	B	chuán shàng 船上	C	chū zū chē shàng 出租车上
30.	A	diǎn fēn 6点50分	B	diǎn 7点	C	diǎn fēn 7点10分

第四部分

第31-35题

Qǐng zài zhè ér xiě nín de míng zì
例如：女：请 在 这儿 写 您 的 名 字。

Shì zhè ér ma
男：是 这儿 吗？

Bú shì   shì zhè ér
女：不是，是 这儿。

Hǎo   xiè xiè
男：好，谢谢。

Nán de yào xiě shén me
问：男 的 要 写 什 么？

		A		B		C
	A	míng zì 名字 √	B	shí jiān 时间	C	fáng jiān hào 房间号
31.	A	jīn 1斤	B	jīn 4斤	C	jīn 10斤
32.	A	jiā lǐ 家里	B	fàn guǎn ér 饭馆儿	C	shāng diàn 商店
33.	A	gōng zuò 工作	B	fáng zǐ 房子	C	gōng sī 公司

		duō yuán			duō yuán			duō yuán
34.	A	30 多 元	B	300 多 元	C	3000 多 元

		tīng dǒng le			zài qù wèn wèn			shuō de tài màn
35.	A	听 懂 了	B	再 去 问 问	C	说 得 太 慢

二、阅读

第一部分

第 36-40 题

A

B

C

D

E

F

Měi gè xīng qī liù　wǒ dōu qù dǎ lán qiú
例如：每 个 星 期 六，我 都 去 打 篮 球。　　　　　D

Xiǎo gǒu shēng bìng le　tā jīn tiān shén me dōng xī yě méi chī
36. 小 狗 生 病 了，它 今 天 什 么 东 西 也 没 吃。

Nǐ chàng de zhēn hǎo　zài chàng yī gè ba
37. 你 唱 得 真 好，再 唱 一 个 吧。

Bié zǒu lù de shí hòu kàn bào zhǐ   duì yǎn jīng bù hǎo
38. 别 走 路 的 时 候 看 报 纸，对 眼 睛 不 好 。   □

Wǒ dào jiā de shí hòu   tā zhèng zài xǐ yī fú ne
39. 我 到 家 的 时 候，她 正 在 洗 衣 服 呢 。   □

Fú wù yuán wèn   Nín xiǎng chī shén me
40. 服 务 员 问：您 想 吃 什 么 ？   □

第二部分

第 41-45 题

qù nián   bǐ   xī wàng   xiàng   guì   shì qíng
A 去 年 B 比 C 希 望 D 向 E 贵 F 事 情

Qǐng jìn   Nǐ zhǎo wǒ yǒu shén me
41. 请 进 。你 找 我 有 什 么 （   ）？

Zhè jiàn yī fú tā   chuān guò yī cì
42. 这 件 衣 服 她 （   ） 穿 过 一 次 。

Nǚ ér xiào zhe shuō   míng tiān shì gè qíng tiān
43. 女 儿 笑 着 说，（   ） 明 天 是 个 晴 天 。

Wèi   Nǐ   yòu biān kàn   kàn jiàn le ma   Wǒ jiù zài shāng diàn
44. 喂 ？你 （   ） 右 边 看，看 见 了 吗 ？我 就 在 商 店
páng biān
旁 边 。

Nǐ jīn tiān shēn tǐ zěn me yàng
45. 女：你 今 天 身 体 怎 么 样 ？

zuó tiān hǎo
男：（   ） 昨 天 好 。

第三部分

第 46-50 题

Xiàn zài shì diǎn   fēn   tā men yǐ jīng yóu le   fēn zhōng le
例如：现 在 是 11 点 30 分，他 们 已 经 游 了 20 分 钟 了 。

Tā men   diǎn   fēn kāi shǐ yóu yǒng
★ 他 们 11 点 10 分 开 始 游 泳 。   （√）

Wǒ huì tiào wǔ   dàn tiào de bù zěn me yàng
我 会 跳 舞，但 跳 得 不 怎 么 样 。

Wǒ tiào de fēi cháng hǎo
★ 我 跳 得 非 常 好 。   （×）

Nǐ qù guò wǒ jiā ba   Tā jiā jiù zài wǒ jiā hòu miàn   bù yuǎn   hěn hǎo zhǎo
46. 你 去 过 我 家 吧 ？他 家 就 在 我 家 后 面，不 远，很 好 找 。

Tā jiā lí wǒ jiā hěn jìn
★ 他 家 离 我 家 很 近 。   （   ）

Mèi mèi xiàn zài shàng bān le   měi tiān dōu hěn máng   suǒ yǐ wán ér de shí jiān
47. 妹 妹 现 在 上 班 了，每 天 都 很 忙 ，所 以 玩 儿 的 时 间

hěn shǎo
很 少 。

Mèi mèi gōng zuò hěn máng
★ 妹 妹 工 作 很 忙 。　　　　　　　　　　　　（　 ）

Wǒ shì Zhāng Hóng   nǐ men de Hàn yǔ lǎo shī   xué xí shí yǒu shén me wèn tí
48. 我 是 张 红 ，你 们 的 汉 语 老 师 ，学 习 时 有 什 么 问 题，

kě yǐ lái wèn wǒ
可 以 来 问 我 。

Zhāng lǎo shī ràng xué shēng huí dá wèn tí
★ 张 老 师 让 学 生 回 答 问 题。　　　　　　　（　 ）

Jīn tiān tiān yǒu xiē yīn   kě néng yào xià yǔ   děng tiān qì hǎo de shí hòu zài qù mǎi
49. 今 天 天 有 些 阴，可 能 要 下 雨， 等 天 气 好 的 时 候 再 去 买

zì xíng chē ba
自 行 车 吧 。

Wài miàn zài xià yǔ
★ 外 面 在 下 雨。　　　　　　　　　　　　　（　 ）

Zhè xiē shū shì wǒ shēng rì nà tiān péng yǒu men sòng de   wǒ xǐ huān zhè xiē
50. 这 些 书 是 我 生 日 那 天 朋 友 们 送 的，我 喜 欢 这 些

shū   wǒ bà bà mā mā yě hěn xǐ huān
书 ，我 爸 爸 妈 妈 也 很 喜 欢 。

Zhè xiē shū shì bà bà mā mā sòng de
★ 这 些 书 是 爸 爸 妈 妈 送 的。　　　　　　　（　 ）

第四部分

第 51-55 题

Tā men liǎng gè rén zài wèn lù
A 他 们 两 个 人 在 问 路。

Shàng bān de shí hòu   tā jué dé hěn lèi
B 上 班 的 时 候，他 觉 得 很 累。

Tài hǎo le   wǒ men míng tiān jiù qù mǎi
C 太 好 了，我 们 明 天 就 去 买。

Nǐ kàn   tā jiào Wáng Xiǎo yǔ
D 你 看，他 叫 王 小 雨。

Tā zài nǎ ér ne   Nǐ kàn jiàn tā le ma
E 他 在 哪 儿 呢？你 看 见 他 了 吗？

Tā hěn gāo   yě hěn piào liàng   wǒ fēi cháng xǐ huān tā
F 她 很 高，也 很 漂 亮，我 非 常 喜 欢 她。

lì rú   tā hái zài jiào shì lǐ xué xí
例如：他 还 在 教 室 里 学 习。

zhōng guó rén de xìng zài míng zì de qián miàn
51. 中 国 人 的 姓 在 名 字 的 前 面 。

tā zuó tiān shuì de hěn wǎn
52. 他 昨 天 睡 得 很 晚 。

nǐ jiào de tā zěn me yàng
53. 你 觉 得 她 怎 么 样 ？

méi wèn tí   wǒ gào sù nǐ   qián bú shì wèn tí
54. 没 问 题 , 我 告 诉 你 , 钱 不 是 问 题 。

wǒ men yào qù běi jīng dà xué   qǐng wèn zěn me zǒu
55. 我 们 要 去 北 京 大 学 , 请 问 怎 么 走 ？

第 56-60 题

tā zài wǒ men gōng sī gōng zuò le liǎng gè yuè hòu qù nǐ men gōng sī le
A 他 在 我 们 公 司 工 作 了 两 个 月 后 去 你 们 公 司 了 。

zǎo shàng yǒu rén gěi nǐ sòng lái yī zhāng jī piào
B 早 上 有 人 给 你 送 来 一 张 机 票 。

wǒ jiè shào yí xià   zhè shì cóng shàng hǎi lái de lǐ xiǎo jiě
C 我 介 绍 一 下 , 这 是 从 上 海 来 的 李 小 姐 。

tā zhù de hěn yuǎn   wǒ xiǎng sòng tā huí qù
D 她 住 得 很 远 , 我 想 送 她 回 去 。

tā qù kàn yī shēng le
E 他 去 看 医 生 了 。

huān yíng nín lái wǒ men xué xiào
56. 欢 迎 您 来 我 们 学 校 ！

nǐ zěn me zhī dào wǒ yào qù zhōng guó
57. 你 怎 么 知 道 我 要 去 中 国 ？

zhè yào yī tiān chī sān cì
58. 这 药 一 天 吃 三 次 。

wǒ zuò guò hěn duō gōng zuò   dàn zuò de shí jiān dōu bù cháng
59. 我 做 过 很 多 工 作 , 但 做 的 时 间 都 不 长 。

xiè xiè nǐ sòng wǒ huí lái   wǒ men míng tiān jiàn
60. 谢 谢 你 送 我 回 来 , 我 们 明 天 见 。

HSK （二级）样卷听力材料

（音乐，30秒，渐弱）

Dà jiā hǎo   Huān yíng cān jiā HSK   èr jí   kǎo shì
大 家 好 ！ 欢 迎 参 加 （二 级） 考 试 。

Dà jiā hǎo   Huān yíng cān jiā HSK   èr jí   kǎo shì
大 家 好 ！ 欢 迎 参 加 （二 级） 考 试 。

Dà jiā hǎo   Huān yíng cān jiā HSK   èr jí   kǎo shì
大 家 好 ！ 欢 迎 参 加 （二 级） 考 试 。

èr jí tīng lì kǎo shì fēn sì bù fèn gòng tí
HSK（二级）听力考试分四部分，共 35题。

Qǐng dà jiā zhù yì tīng lì kǎo shì xiàn zài kāi shǐ
请 大家 注意，听力 考试 现在 开始。

Dì yī bù fèn
第一部分 ┠────────────────────

Yī gòng tí měi tí tīng liǎng cì
一 共 10题，每题 听 两 次。

Lì rú Wǒ men jiā yǒu sān gè rén
例如：我 们 家 有 三 个 人。

　　　Wǒ men měi tiān zuò gōng gòng qì chē qù shàng bān
　　　我 们 每 天 坐 公 共 汽 车 去 上 班。

Xiàn zài kāi shǐ dì tí
现 在 开始第1题：

Tā zhèng zài dǎ diàn huà ne
1. 他 正 在 打 电 话 呢。

Shàng wǔ wǒ mǎi le yī xiē jī dàn
2. 上 午我买了一些鸡蛋。

Shēng rì kuài lè
3. 生 日 快 乐！

Wǒ zài mén wài děng nǐ men
4. 我 在 门 外 等 你们。

Tā men kāi chē qù Běi jīng
5. 他 们 开 车 去 北 京。

Zhè shì tā de xīn shǒu jī
6. 这 是 他 的 新 手 机。

Wǒ xiǎng sòng qī zǐ yī jiàn piào liàng de yī fú
7. 我 想 送 妻子一件 漂 亮 的 衣 服。

Wǒ lái jiè shào yí xià zhè shì wáng xiān shēng
8. 我 来 介 绍 一 下，这 是 王 先 生 。

Tā měi tiān dōu yào qù pǎo bù
9. 他 每 天 都 要 去 跑 步。

Yǐ jīng hěn wǎn le tā men hái zài gōng zuò
10. 已 经 很 晚 了，他 们 还 在 工 作。

Dì èr bù fèn
第二部分 ┠────────────────────

Yī gòng tí měi tí tīng liǎng cì
一 共 10题，每 题 听 两 次。

Lì rú
例如：

　　　Nǐ xǐ huān shén me yùn dòng
男：你 喜 欢 什 么 运 动？

　　　Wǒ zuì xǐ huān tī zú qiú
女：我 最 喜 欢 踢 足 球。

Xiànzài kāishǐ dì   dào   tí
现 在 开 始 第 11 到 15 题。

11.
　　　Nǐ lèi le ba
男：你 累 了 吧 ？

　　　Shì   wǒ yào xiū xī xiū xī
女：是 ， 我 要 休 息 休 息。

12.
　　　Nǐ hái zǐ duō dà le
男：你 孩 子 多 大 了 ？

　　　Tā kuài wǔ suì le
女：她 快 五 岁 了。

　　　　　　Zhè běn shū kàn wán le ma
13. 女：这 本 书 看 完 了 吗 ？
　　　Kàn wán le   zhè běn shū hěn bú cuò
男：看 完 了 ， 这 本 书 很 不 错 。

14.
　　　Jīn tiān tiān qì zěn me yàng
男：今 天 天 气 怎 么 样 ？

　　　Xià xuě le   hěn lěng
女：下 雪 了 ， 很 冷 。

15.
　　　Nǐ měi tiān jǐ diǎn qǐ chuáng
女：你 每 天 几 点 起 床 ？

　　　Wǒ měi tiān liù diǎn qǐ chuáng
男：我 每 天 六 点 起 床 。

Xiànzài kāishǐ dì   dào   tí
现 在 开 始 第 16 到 20 题：

16.
　　　Zhè lǐ de kā fēi hǎo hē ma
男：这 里 的 咖 啡 好 喝 吗 ？

　　　Wǒ jué de hěn hǎo hē
女：我 觉 得 很 好 喝 。

17.
　　　Nǐ zěn me le
女：你 怎 么 了 ？

　　　Wǒ kě néng shēng bìng le
男：我 可 能 生 病 了 。

18.
　　　Zuó tiān tā men liǎng gè tiào de zuì hǎo
女：昨 天 他 们 两 个 跳 得 最 好 。

　　　Wǒ zhī dào
男：我 知 道 。

19.

Zhè gè shāng diàn de dōng xī hěn pián yí
男：这 个 商 店 的 东 西 很 便 宜。

Shì ma wǒ men yào bú yào mǎi jǐ gè xīn de yǐ zǐ
女：是 吗？我 们 要 不 要 买 几 个 新 的 椅 子？

20.

Nǐ xǐ huān chī shén me shuǐ guǒ
女：你 喜 欢 吃 什 么 水 果？

Wǒ xǐ huān chī xī guā
男：我 喜 欢 吃 西 瓜。

Dì sān bù fèn
第 三 部 分

Yī gòng tí měi tí tīng liǎng cì
一 共 10 题，每 题 听 两 次。

Lì rú
例 如：

Xiǎo Wáng zhè lǐ yǒu jǐ gè bēi zǐ nǎ gè shì nǐ de
男：小 王，这 里 有 几 个 杯 子，哪 个 是 你 的？

Zuǒ biān nà gè hóng sè de shì wǒ de
女：左 边 那 个 红 色 的 是 我 的。

Xiǎo Wáng de bēi zǐ shì shén me yán sè de
问：小 王 的 杯 子 是 什 么 颜 色 的？

Xiàn zài kāi shǐ dì tí
现 在 开 始 第 21 题：

21.

Xià xīng qī wǒ men yào qù shàng hǎi lǚ yóu nǐ qù ma
女：下 星 期 我 们 要 去 上 海 旅 游，你 去 吗？

Tài hǎo le Wǒ yě qù
男：太 好 了！我 也 去。

Nán de shì shén me yì sī
问：男 的 是 什 么 意 思？

22.

Xiǎo Zhāng Nǐ nǚ péng yǒu méi lái
女：小 张，你 女 朋 友 没 来？

Méi lái Tā xià wǔ yào kǎo shì
男：没 来。她 下 午 要 考 试。

Xiǎo Zhāng de nǚ péng yǒu wèi shén me méi lái
问：小 张 的 女 朋 友 为 什 么 没 来？

23.

Nǐ rèn shí Wáng lǎo shī páng biān nà gè rén ma
女：你 认 识 王 老 师 旁 边 那 个 人 吗？

Rèn shí tā jiù shì Wáng lǎo shī de zhàng fū
男：认 识，他 就 是 王 老 师 的 丈 夫。

Wáng lǎo shī páng biān de rén shì shuí
问：王 老师 旁 边 的 人 是 谁？

24.

Míng tiān shì nǐ de shēng rì ma
女： 明 天 是 你 的 生 日 吗？

Bú shì wǒ de shēng rì shì qī yuè shí wǔ hào
男：不 是， 我 的 生 日 是 七 月 十 五 号。

Nǎ tiān shì tā de shēng rì
问：哪 天 是 他 的 生 日？

25.

Kuài bā diǎn le wǒ yào qù shàng bān le
男： 快 八 点 了，我 要 去 上 班 了。

Chī le zǎo fàn zài qù ba
女： 吃 了 早 饭 再 去 吧。

Nǚ de xiǎng ràng nán de zuò shén me
问：女 的 想 让 男 的 做 什 么？

26.

Dào le nǐ kàn zhè jiù shì wǒ men xué xiào
女： 到 了，你 看， 这 就 是 我 们 学 校。

Nǐ men xué xiào zhēn dà
男：你 们 学 校 真 大。

Nán de jué de zhè gè xué xiào zěn me yàng
问：男 的 觉 得 这 个 学 校 怎 么 样？

27.

Wǒ zhù zài sān líng sì nǐ zhù zài nǎ gè fáng jiān
男： 我 住 在 三 零 四。你 住 在 哪 个 房 间？

Wǒ zhù sān líng qī
女：我 住 三 零 七。

Nǚ de zhù zài nǎ gè fáng jiān
问：女 的 住 在 哪 个 房 间？

28.

Yī shēng shuō shén me le
男： 医 生 说 什 么 了？

Bú shì dà wèn tí chī liǎng tiān yào jiù huì hǎo
女：不 是 大 问 题，吃 两 天 药 就 会 好。

Nǚ de zěn me le
问：女 的 怎 么 了？

29.

Nín hǎo qǐng wèn nín qù nǎ ér
男： 您 好，请 问 您 去 哪 儿？

Wǒ qù jī chǎng sān shí fēn zhōng néng dào ma
女： 我 去 机 场，三 十 分 钟 能 到 吗？

Tā men zuì kě néng zài nǎ ér
问：他 们 最 可 能 在 哪 儿？

30.

女：已经七点了，电影怎么还没开始？
Yǐ jīng qī diǎn le　diàn yǐng zěn me hái méi kāi shǐ

男：还有十分钟呢。
Hái yǒu shí fēn zhōng ne

问：电影什么时候开始？
Diàn yǐng shén me shí hòu kāi shǐ

第四部分
Dì sì bù fèn

一共5题，每题听两次。
Yī gòng　tí　měi tí tīng liǎng cì

例如：
Lì rú

女：请在这儿写您的名字。
Qǐng zài zhè ér xiě nín de míng zì

男：是这儿吗？
Shì zhè ér ma

女：不是，是这儿。
Bú shì　shì zhè ér

男：好，谢谢。
Hǎo　xiè xiè

问：男的要写什么？
Nán de yào xiě shén me

现在开始第31题：
Xiàn zài kāi shǐ dì　tí

31.

女：苹果怎么卖？
Píng guǒ zěn me mài

男：四块钱一斤。
Sì kuài qián yī jīn

女：我想买十斤，你能帮我送到家里吗？
Wǒ xiǎng mǎi shí jīn　nǐ néng bāng wǒ sòng dào jiā lǐ ma

男：没问题。
Méi wèn tí

问：女的要买几斤苹果？
Nǚ de yào mǎi jǐ jīn píng guǒ

32.

男：晚上我们去饭馆儿吃饭，怎么样？
Wǎn shàng wǒ men qù fàn guǎn ér chī fàn　zěn me yàng

女：我不想去外面吃。我想在家吃。
Wǒ bù xiǎng qù wài miàn chī　wǒ xiǎng zài jiā chī

男：那你准备做什么好吃的？
Nà nǐ zhǔn bèi zuò shén me hǎo chī de

女：你想吃什么，我就做什么。

男：好的。

问：他们晚上在哪儿吃饭？

33.

女：一个朋友让我帮他找个房子。

男：他工作了吗？

女：工作了。

男：那要找离公司近一些的。

问：女的要帮朋友找什么？

34.

男：这是你的手表？

女：我买的。我想送给我哥哥。

男：很漂亮。多少钱买的？

女：三千多。

问：手表多少钱买的？

35.

女：你听懂老师说什么了吗？

男：没有，他说得太快。

女：我也没听懂，他慢慢说，我可以听懂。

男：我们一起去问问他，好吗？

问：男的是什么意思？

听力考试现在结束。

HSK（二级）样卷答案

一、听力

第一部分

1. √	2. ×	3. √	4. ×	5. √
6. ×	7. ×	8. ×	9. √	10. √

第二部分

11. F	12. A	13. B	14. E	15. C
16. D	17. A	18. E	19. C	20. B

第三部分

21. A	22. B	23. C	24. A	25. B
26. A	27. B	28. A	29. C	30. C

第四部分

31. C	32. A	33. B	34. C	35. B

二、阅读

第一部分

36. B	37. E	38. A	39. F	40. C

第二部分

41. F	42. A	43. C	44. D	45. B

第三部分

46. √	47. √	48. ×	49. ×	50. ×

第四部分

51. D	52. B	53. F	54. C	55. A
56. C	57. B	58. E	59. A	60. D